CONÉCTESE

CON SUS HIJOS

PARA QUE SE DESCONECTEN DE LA RED

Cómo ser padres en la era digital

GISSELA ECHEVERRÍA CASTRO

CONÉCTESE CON SUS HIJOS
PARA QUE SE DESCONECTEN DE LA RED

Cómo ser padres en la era digital

Diseño de cubierta: Departamento de Diseño Grupo Planeta
Fotografía de cubierta: © Getty Images

© Gissela Echeverría Castro, 2014
© Editorial Planeta Colombiana S. A., 2014
  Calle 73 N.º 7-60, Bogotá, D. C.

Primera edición en esta colección: octubre de 2014

ISBN 13: 978-958-42-4159-7
ISBN 10: 958-42-4159-1

Impreso por: Printer Colombiana S. A.

A mi hija, Sayana, por el amor de cada día

*A mi madre, por su sabiduría
y el apoyo incondicional de siempre*

A mi padre, que estaría feliz de verlo.

ÍNDICE

AGRADECIMIENTOS

A mis oyentes que cada tarde escriben, llaman y se ponen en contacto conmigo para hacerme conocer sus dudas y preocupaciones. Gracias por compartir sus historias y por los cientos de bendiciones que me han dado en esas apasionantes horas de radio. A quienes permanecen en el silencio y forman parte de esta comunidad invisible a la que me dirijo a diario, con la intención de sembrar una semilla de transformación y esperanza, la misma que ha inspirado mi vida.

Gracias por acogerla, eso hace que vivan en mi corazón y se multiplique mi alegría.

A mi querida amiga, Araí Vela, brillante especialista en Medicina Sexual, por las largas conversaciones sobre el amor y la sexualidad que nos hicieron amigas y nos siguen haciendo crecer.

A Roberto Pereira, director de la Escuela Vasco-Navarra de Terapia Familiar, por animarme a escribir, por sus lecturas y por la valoración de este texto expresada en el prólogo.

PRÓLOGO

Todos nosotros desarrollamos una manera de ser, una personalidad, una identidad propia que nos distingue de los demás, que nos permite decir: "Yo soy así". Esta propia identidad es más potente —"Tiene una gran personalidad"— o más liviana —"No tiene opiniones propias"—, pero es la que nos hace sentirnos diferentes a los demás, únicos, especiales.

Esta identidad se va desarrollando a todo lo largo de nuestra vida, pero tiene algunos momentos álgidos, en el que su desarrollo va más rápido, está más comprometido o es más intenso. Sin duda, el período de mayor importancia es la parte de nuestro ciclo vital conocida como adolescencia.

La adolescencia es esa etapa de nuestra vida que tiene un principio y un final incierto, cada vez más amplio, que conecta la niñez con la primera edad adulta, durante la que se producen una aglomeración de cambios biológicos en el organismo, pero también de gran importancia en nuestra vida relacional y cultural. Es la etapa en la que quizá nos enamoremos por primera vez, consolidemos nuestras relaciones con los amigos, comencemos a explorar ese vasto mundo que tanto nos asusta y tanto nos atrae, y tratemos de hacerlo de una manera diferente. Ese afán por diferenciarnos tiene mucho que ver con el desarrollo de nuestra identidad personal, por lo que nos aplicamos a ello como si en el empeño se nos fuera la vida, algo que no se aleja mucho de la realidad. No nos jugamos nuestra vida física —aunque a veces también— sino nuestra manera de vivirla, nuestra forma de afrontarla, nuestro intento de cambiarla.

¿Y de quien vamos a tratar de diferenciarnos? De los que nos han precedido inmediatamente, de la generación anterior, de la de nuestros padres. Vamos a hacer todo lo posible para ser, para hacer, para que nos vean, para expresarnos, para vestirnos, relacionarnos, comunicarnos, divertirnos, amarnos, pelearnos y reconciliarnos... de manera distinta a la de nuestros padres. En lo posible, de mejor manera, pero en todo caso, de diferente manera.

La identidad es un concepto que hace referencia al individuo, a la persona. No obstante, a veces encontramos rasgos comunes en grupos más amplios que permiten hablar de rasgos colectivos de identidad, sin que eso signifique postular que la identidad grupal existe, algo que no creo posible. Pero sí, insisto, hay algunos rasgos comunes que nos permitan caracterizar, por ejemplo, a una generación.

Así, pues, ¿qué caracterizó a mi generación? ¿Qué rasgo común se buscó la gente de mi edad para diferenciarse con claridad de la generación de sus padres? Sin duda, en los chicos, la longitud del pelo; y en las chicas, la de la falda. Para no contradecir el mito, siempre en sentido opuesto: el pelo más largo, la falda más corta.

Siguiendo a nuestros líderes generacionales —The Beatles, Twiggy—, nos aprestamos a rendir duras batallas sobre centímetros de más o de menos. Naturalmente, la mayoría de nuestros progenitores desempeñaron acertadamente su papel: oponerse firmemente, centímetro en mano, a cualquier desviación de la norma, olvidando, como es menester, las batallas que ellos a su vez rindieron en su época.[1]

¿Por qué digo que desempeñaron acertadamente su papel? Porque en buena parte, el papel de los padres consiste en oponerse. Entendámonos: no quiero decir que los padres deben decir que no a todo; ni que deben hacerlo en las cosas que los hijos quieren cambiar; pero como la edad adolescente tiende a ser desmesurada, y el riesgo de equivocarse elevado, los padres deben tener al menos la capacidad de oponerse cuando lo juzgan necesario. Sin duda, unos y otros caen en las trampas generacionales, pero si esa oposición no incluye el bloqueo, sino que admite la negociación, aun cayendo en estereotipos culturales, la oposición es buena. Y lo es, porque la formación de la identidad se basa en buena parte, como ya hemos dicho, en la diferencia. ¿Y cómo vamos a construir una identidad propia sin diferenciarnos de lo que hemos heredado, conocido, recibido e integrado

---

[1]   Introduciré aquí una nota personal ilustrativa de la habilidad de las generaciones para buscar ese elemento diferenciador. Tengo dos hijas, la menor de las cuales terminó ya de pasar la adolescencia. Cuando eran niñas y ya había leído algunas cosas sobre el conflicto generacional, me preguntaba a menudo qué elegirían mis hijas como símbolo de ese salto generacional. ¿La ropa, el pelo? Por ahí no lo tenían fácil, ya que ahora cada cual se viste como le parece, y lleva el pelo del color, forma o tamaño que más le agrade; difícil, pues, convertir eso en la seña de identidad de una generación. Durante un tiempo me mantuve en la incertidumbre, hasta que llegaron los *piercings*. Y ahí se me acabaron las dudas. Ese iba a ser el caballo de batalla, el terreno de la confrontación. Para entender mejor lo que digo, debo añadir que insistí en que a mis hijas recién nacidas no les hicieran agujeros en los lóbulos de las orejas para pendientes: "Eso de agujerearse el cuerpo son prácticas bárbaras", afirmé rotundamente. No se colocaron los primeros pendientes hasta que tuvieron edad suficiente para pedirlo e ir caminando a la farmacia más cercana a que les perforasen las orejas. Naturalmente, pasados los años terminé regalándoles pendientes, y la batalla de los *piercings* terminó razonablemente bien: sin afectar ningún lugar peligroso y en número discreto. Pero qué razón tenía mi abuela con aquello de que "Si no quieres taza... ¡¡taza y media!!".

procedente sobre todo de nuestros padres y su generación? Es muy difícil. Si los adolescentes quieren construir algo nuevo, tienen que hacerlo con la idea de mejorar. Y para que algo sea mejorable, debe percibirse como que no funciona bien. Y si defendemos esto, y se lo decimos a los que construyeron esa manera de ser en su momento..., el conflicto está servido.

El adolescente necesita la confrontación. Y necesita a unos padres que la acepten. No que la rehúyan, ni que traten de vencer a toda costa, sino que permitan que sus hijos se fajen con ellos, traten de desmontar su estructura, la cuestionen, la critiquen; y que lo padres la defiendan. Necesitan que sus padres estén ahí para poder pelearse con ellos, para que de esa confrontación surja una nueva manera de ver las cosas, al menos un poquito diferente, lo suficiente para que el hijo pueda decir: "Yo soy este. Puedo parecerme a ti, pero no soy el mismo. Opino distinto en esto y aquello, actúo diferente en esta situación y en aquella otra. Me corto el pelo, me visto de esta otra manera. En definitiva, se me puede distinguir de ti y por tanto tengo una existencia autónoma. Vengo de ti, pero soy otro, soy *yo*".

Así que consuélense los padres que tanto han discutido y peleado con sus hijos adolescentes: si las cosas no han llegado a mayores, si las relaciones no se han roto, si nadie ha sufrido demasiado, han hecho lo correcto. Sus hijos lo necesitaban.

Pero la verdadera dificultad no viene de pelearse y discutir con los hijos adolescentes, sino de hacerlo sin perder la necesaria guía con respecto a los peligros de la vida que debe hacerse de manera simultánea. De no perder los estribos y tener la capacidad de seguir oponiéndose cuando se vean con claridad los riesgos que se están corriendo. De continuar dando nuestra opinión aun cuando nos consideren anticuados. De insistir en saber de su vida, aunque lo rechacen, porque creen que son capaces de arreglárselas por sí solos. Y no siempre es sencillo. Porque los adolescentes no son un ejemplo de accesibilidad, más bien todo lo contrario. Y porque a veces nos enfadamos o nos cansamos tanto, que renunciamos a nuestro necesario papel de padres. Y ese es un error que generalmente se paga. Tanto en la desatención como en la sobreimplicación.

Pero todo esto se complica más si no sabemos de lo que hablamos. Porque, ¿qué es lo que distingue a la generación de los adolescentes actuales? ¿Cuál es su rasgo colectivo de identidad? A mi entender, sin duda alguna, la utilización de Internet y dentro de esta, de las redes sociales. Los adolescentes actuales son, siguiendo la célebre terminología de Prensky, "nativos digitales", mientras que, por lo general, sus padres somos "migrantes digitales". Los adolescentes navegan por las redes como si las hubiesen creado ellos (perdón, en realidad sí que las han creado ellos; no podemos olvidarnos de las edades en las que comenzaron sus aventuras los principales pioneros de las redes sociales más conocidas), mientras que sus padres chapotean en ellas a punto siempre del naufragio más estrepitoso. ¿Cómo podemos orientarlos por los peligros ciertos que acechan en las turbulentas aguas virtuales? Tendremos que aprender algo de navegación, sino vamos a perdernos con facilidad en el océano sin límites de Internet.

Pues me alegra decir que todos esos despistados padres están de enhorabuena. Tienen en sus manos la brújula, la carta de navegación, el mapa que los va a guiar por ese proceloso mundo. Este fantástico libro les va a contar qué se cuece en las redes sociales, cuáles son los arrecifes más peligrosos, las corrientes más traidoras, los remolinos ocultos que pueden arrastrar a sus hijos a situaciones de consecuencias muchas veces devastadoras. No solo los va a instruir acerca de cómo interactuar con sus hijos en este para muchos padres nuevo terreno, sino que les va a explicar qué canales son navegables y qué escalas hay que evitar a toda costa.

El libro les va a enseñar un nuevo vocabulario. Va a contarles, primero, la evolución de los medios de comunicación hasta llegar a Internet y al desarrollo de las redes sociales. Les va a explicar qué es el *sexting*, el *grooming*, el *ciberbullying* o el *phubbing*. Que sucede en los oscuros recovecos de la *deep web*, por qué es peligrosa la adicción a los videojuegos o al celular, cómo influye Internet en el comportamiento sexual de los adolescentes.

No cabe duda de que estas nuevas patologías, facilitadas por el uso de Internet, deben conocerse. Se debe saber de sus peligros y de la manera de evitarlos. Pero esto no debe confundirnos: en la mayoría de ocasiones, los peligros de Internet para nuestros hijos tienen que ver con viejos problemas en ese nuevo entorno.

Y todo esto se los va a mostrar la autora de una manera muy práctica. No hablando únicamente desde la teoría, sino desde la experiencia, ejemplificando estos problemas con casos extraídos de su práctica como terapeuta familiar sistémica. Como sabiamente nos muestra a través de los casos clínicos que relata, problemas muy arraigados como la violencia intrafamiliar, la violencia con los pares, el abuso y la explotación sexual se actualizan a través de las redes digitales. El viejo consejo que nos daban cuando niños: "No hables con desconocidos" se actualiza con "No chatees con desconocidos". La autora nos relata un impactante caso de captación de adolescentes para la prostitución a través de Internet, o del impacto de la pornografía en un adolescente, que realmente nos hace reflexionar sobre la imperiosa necesidad de hablar con nuestros hijos de esos riesgos. Lo mismo sucede con la violencia, estimulada por los videojuegos: el texto nos explica la relación entre los videojuegos y la violencia que viven dos de los niños atendidos por la autora.

Pero no se trata tampoco de estigmatizar a Internet. Como todo recurso importante de nuestras vidas, puede usarse bien y mal. Es un peligro y una oportunidad. El libro no solo va a explicarles a los padres cuáles son los principales riesgos de las actuales redes digitales y los efectos negativos que tiene exponerse a ellas sin información previa y un mínimo de prudencia; también va a detallarles que pueden hacer para guiar a sus hijos en ese mundo y para identificar los problemas que puedan surgir de su uso inadecuado.

Y lo va a hacer de una manera muy didáctica.

Es un libro completo, ameno y educativo, riguroso y práctico, que gustará e interesará tanto a los profesionales de la educación o la psicología y la psicoterapia, como a los padres que busquen orientarse acerca de sus hijos adolescentes y saber más de cómo relacionarse con ellos y ayudarles a forjarse su propia identidad y a llegar sin grandes heridas al mundo adulto.

Al libro solo le falta una cosa: hablar. Desde ya animo a que se convierta también en un audiolibro narrado, naturalmente por la autora, Gissela Echeverría, en cuyo programa diario de radio conversa desde hace años con los oyentes ecuatorianos, permitiéndoles, tras escucharlo, saber un poco más de las relaciones, de las personas y sus problemas, de sus alegrías y sinsabores, en definitiva de la vida, pero todo ello narrado por una voz nacida para ser escuchada, atendida y disfrutada en su calidez, cercanía, y dulzura, sin dejar de ser al mismo tiempo instructiva. En definitiva, una voz que refleja a la perfección las múltiples facetas de su propietaria, la autora de este libro: una profesional excepcional tanto en su trabajo educomunicacional como terapéutico. Una gran persona.

ROBERTO PEREIRA*
Bilbao, mayo de 2014

* Director de la Escuela Vasco-navarra de Terapia Familiar, vice-presidente de la Red Europea y Latinoamericana de Terapia Sistémica, RELATES, miembro de la American Family Therapy Academy.

INTRODUCCIÓN

Una breve reseña de la evolución de los medios

Fascinados y a veces abrumados asistimos al fantástico desarrollo tecnológico que la humanidad ha experimentado en el campo de las comunicaciones. De la imprenta del siglo XV, con sus libros, carteles y periódicos, saltamos al final del XIX, que nos trajo la fotografía, el cine, el telégrafo y el teléfono. Y de allí a los inicios del XXI, con los teléfonos celulares, la Internet y las redes sociales.

Para la sociedad del siglo XIX el telégrafo significó la posibilidad —nunca antes vista— de enviar un mensaje y recibirlo entre distancias remotas. Y aunque en los inicios se utilizó un lenguaje de puntos y rayas, las ventajas que trajo consigo acortar distancias entre los comunicantes impulsaron el desarrollo del teléfono. Los dos precisaban de cables para que el sonido —convertido en impulsos eléctricos y luego vuelto a convertir en sonido— se trasladara de un lugar a otro.

El uso de cables cambió pronto gracias a que Maxwell[2] imaginó que la energía (en principio sonido) viajaba por el

---

[2]   James Clerk Maxwell, físico y matemático escocés (1831-1879), desarrolló la teoría electromagnética que sirvió de base para el desarrollo del telégrafo y la radio.

aire en forma de ondas semejantes a las que se producen en una superficie de agua cuando se lanza una piedra. Esta idea fue tomada por Marconi[3] quien, más adelante, desarrolló "la comunicación sin cables". Yendo de un aparato a otro, la voz humana fue la primera viajera de ese recién hallado espectro radioeléctrico. Así nació la radio, el primer medio de comunicación que ingresó a los hogares, que ofreció posibilidades de entretenimiento y democratizó la música. Las familias y los amigos se reunían para escuchar los programas, las novelas y el radioteatro. También desempeñó un papel fundamental en la Segunda Guerra Mundial y ha enlazado pueblos, comunidades, continentes y hasta "voces del más allá", según algunos radioaficionados.

Más adelante, con el transistor, la radio se volvió móvil, transportable y se dejó llevar a cualquier lado. Está presente lo mismo en la casa que en el automóvil. La radio encanta porque acompaña, privilegia la oralidad, estimula la capacidad de imaginación del que escucha y crea una fuerte conexión sensorial y de intimidad a partir de la voz y el oído.

La segunda viajera del espectro radioeléctrico fue la imagen. Para los años 50 del siglo XX la televisión ya formaba parte de la vida de la gente. Primero en blanco y negro y luego en colores, la televisión —que se nutrió del teatro y el cine— ha sido uno de los más odiados y de los más amados inventos tecnológicos. Se valora el hecho de que sea una "ventana al mundo" que permite ver, con nuestros propios ojos, lo que ocurre en cualquier sitio, conocer lugares, sucesos, personajes y culturas tan distantes como inaccesibles para la gran mayoría de la gente.

---

[3] Guglielmo Marconi, ingeniero y físico italiano (1874-1937), inventor del primer sistema de señales telegráficas sin hilos, que dio origen a la radio actual.

Sin embargo, en los inicios de la televisión, junto a voces como la de McLuhan[4], quien aseguró que el mundo parecía "una aldea global" a través de la pantalla, educadores como Paulo Freire[5], en Latinoamérica, advirtieron sobre sus efectos negativos al ver la poderosa influencia de la imagen en las audiencias.

Mientras la televisión se adentraba sin permiso en la vida de la gente, era objeto de intensos debates acerca de su enorme poder para influir sobre los estilos de vida y los comportamientos orientados al consumo. Se cuestionaba su papel de "niñera" cuando los padres "enchufaban" a sus hijos al aparato para ganar algo de tiempo, y se liberaban de ellos. Y las aulas de las escuelas y de los colegios se llenaban de televisores para —supuestamente— apoyar y masificar los procesos educativos. Se soñó con la televisión como herramienta para acabar con el analfabetismo.

Paralelamente, se desarrolló el microprocesador (que dio lugar a los computadores personales), la telefonía móvil y la Internet. La World Wide Web nació como Arpanet (sigla en inglés de Red de la Agencia de Proyectos de Investigación Avanzada [Advanced Research Projects Agency Network]) y, aunque fue un proyecto financiado por el Ejército de los Estados Unidos, nunca se lo utilizó con fines militares y fue el vehículo para que llegáramos a la galaxia Internet.

Quizá lo más notable de la galaxia Internet, creada al inicio de la segunda década del siglo XXI, es la acelerada evolución que ha tenido. Nos ha hecho pasar —en cortísimo

---

[4] Marshall McLuhan, filósofo y educador canadiense (1911-1980), conocido por sus estudios sobre los efectos de los medios de comunicación en los procesos sociales, el arte y la literatura.

[5] Paulo Freire, educador brasileño (1921-1997), teórico de la educación, promovió una educación humanista, tendiente a la liberación del individuo y el surgimiento de un pensamiento crítico frente a la realidad nacional.

tiempo— de una ruidosa y lenta conexión, lograda a través de la línea telefónica, a tener Internet y todo su universo de contenidos en la palma de la mano, a través del teléfono celular y los apetecidos *smartphones* o teléfonos inteligentes.

Después del nacimiento de la World Wide Web, en 1990, con páginas estáticas y correo electrónico, hemos presenciado la llegada de la web 2.0, que se caracteriza principalmente por la posibilidad de producir contenidos propios. A nivel personal y doméstico permite que los usuarios expresen, a través de un blog, sus opiniones, puntos de vista y reflexiones; que publiquen escritos, cuentos, poesías, libros; que en una página web desarrollen una marca personal[6], vendan productos y promocionen servicios profesionales; o que en un canal de videos —Youtube— puedan graficar con fotos las canciones queridas que cuentan historias de amor; mostrar los momentos de ternura con sus hijos y mascotas; enseñar a otros "cómo hacer algo", lo que sea: besar, cocinar o anudar una corbata. Además es posible tener una radio propia y un canal de televisión doméstico con solo grabar con la cámara del celular y montar el video en Internet. Otra característica de la web 2.0 es la de interactuar en las páginas web abiertas (blogs y *wikis*), pertenecer a una red social y ponerse en contacto con gente conocida y por conocer, con quienes tengamos afinidades ideológicas o intereses personales, colectivos y amorosos. También ha facilitado la comunicación instantánea, en tiempo real, mediante mensajes de texto e imagen en un sinnúmero de aplicaciones que se obtienen incluso sin costo (WhatsApp y Skype son algunos ejemplos).

---

[6]   Consiste en identificar y comunicar las características que nos hacen sobresalir, ser relevantes, diferentes y visibles como individuos, con la intención de conseguir mayor reconocimiento a nivel social y profesional.

La clave de la web 2.0 son las personas, los contenidos propios que producen, las historias que se narran y su interacción en la Red. Ya se habla de la web 3.0, que anuncia elementos como la inteligencia artificial, la web semántica y la evolución al 3D. Pero, aunque ya le he preguntado a Siri[7] si está enamorada y me ha respondido: "No estoy capacitada para amar", creo que todavía habrá que esperar para que vivamos como en *El hombre bicentenario*[8].

Así como en su momento se pensó que la televisión serviría a fines nobles como la educación de las masas, de Internet se dijo que podría ser una herramienta fantástica para la democratización de los pueblos. Eventos como la llamada revolución Twitter de Irán (2009)[9], la marcha de los Indignados en España (2010)[10], las protestas de estudiantes por el mejoramiento de la educación en Chile (2011)[11] y las recien-

---

[7] Es la aplicación denominada "asistente personal" de los *smartphones* de Mac, que utiliza procesamiento del lenguaje natural para responder preguntas, hacer búsquedas en Internet, fijar recordatorios, ubicar direcciones, etc. Puede ser un asistente masculino o femenino, a elección del usuario.

[8] Película de ciencia ficción de 1999, basada en el cuento del escritor Isaac Asimov, acerca de un robot que se incorpora al mundo de los humanos hasta desear ser reconocido como uno de ellos.

[9] En el 2009, vía Twitter, miles de iraníes se manifestaron en desacuerdo con el resultado de las elecciones presidenciales en su país. Después de las elecciones y mediante el uso de esta herramienta. Se organizaron multitudinarias protestas que lograron captar la atención internacional.

[10] Democracia Real Ya (DRY) es el movimiento que, convocado a través de Facebook, a finales del 2010, da origen a la manifestación denominada 15-M, cuyo propósito es mostrar la indignación de la ciudadanía ante la corrupción política, el desempleo y la situación económica y social en España.

[11] En Chile, desde mayo del 2011 hasta la actualidad, se han llevado a cabo protestas a nivel nacional, protagonizadas por estudiantes universitarios y de secundaria, en las que se exige el mejoramiento de la educación pública.

tes denuncias de la crisis venezolana (2014), le concedieron el mérito de la convocatoria lograda por los activistas. Eso hizo que surgiera la "ciberutopía" de que con Internet se podía construir un mundo más seguro y democrático. Sin embargo, ya se ha desmantelado la fervorosa convicción de que contando con suficientes aparatos, conectividad y recursos económicos, la democracia está a salvo y las dictaduras condenadas al fracaso, como se creyó durante las protestas iraníes. Como siempre, el ser humano es quien determina el uso que se le da al medio o al instrumento tecnológico y el activismo democrático depende en gran medida de la educación y la madurez política de los ciudadanos.

No hay duda: el uso de la tecnología acelera la velocidad en el intercambio de mensajes. La Internet y las redes sociales —Twitter, Facebook y Youtube— han permitido que más gente tenga acceso a la información y la oportunidad de expresarse, como no ha ocurrido en los medios de comunicación tradicionales. De hecho radio, prensa y televisión acuden a Internet como fuente y han ido incorporado las redes sociales a sus emisiones habituales para ampliar la interacción con las audiencias, fortaleciendo así personajes y referentes de opinión.

Todo cambio tecnológico trae consigo cambios sensibles en la vida de las personas. Unos favorables, algunos indeseables y los que nos preocupan. Entre los que destacamos en Internet son las ventajas que ofrece para la educación. Quizás allí radique su verdadero poder democratizador y libertario. Universidades y entidades ofrecen los más diversos programas de educación *online*. Internet venció las limitaciones de tiempo y espacio al facilitar que personas de todo el mundo se beneficien de maravillosas oportunidades de capacitación, formación o especialización, que sin la red les sería imposible acceder a ellas. Dependiendo de cómo estén diseñados los programas y la forma en que se utilicen, se podría generar una verdadera revolución educativa.

Lo indeseable de Internet se encuentra en la *deep web*[12], con un universo oscuro de crímenes y delitos como el sicariato, el narcotráfico, la trata de personas o el espionaje mundial, entre otros. Y lo que preocupa es la manera como las personas se relacionan con los aparatos tecnológicos, dando lugar a nuevas adicciones por navegar en el ciberespacio, acceder a los juegos en línea, a la pornografía y —en general— a las redes sociales.

Las interacciones humanas se han visto transformadas. Es interesante ver cómo el uso de las TIC (tecnologías de información y comunicación) ha cambiado de manera notable la forma de encontrar pareja, tener relaciones sexuales, ser infiel y relacionarse con los amigos. Abundan las historias de quienes se conocieron en alguno de los cientos de buscadores de pareja, unos con éxito y otros no. Tanto Facebook como Messenger —en su tiempo— y ahora WhatsApp han sido señalados en Gran Bretaña y Estados Unidos como los mayores causantes de divorcio. Pero, en realidad, no lo son sino que terminan por romper las relaciones ya fisuradas. Lo que sí se han convertido es en maravillosas herramientas para conseguir mantener vivas las relaciones que tienen bases sólidas de antemano o para permitir que no mueran los vínculos familiares a larga distancia.

En la consulta terapéutica se ven —hace años ya— los casos de parejas que llegan por infidelidad descubierta en mensajes de texto, correos electrónicos, Skype o Facebook, o por adicción a la pornografía. Y aumentan las consultas por

---

[12] *Deep web* se refiere al contenido, material y páginas web que no se visualizan o que no están registradas en los buscadores más populares como Google, Yahoo o Bing. Se entiende que todo lo que se encuentra en las búsquedas comunes corresponde a una parte superficial de Internet.

depresión de adolescentes o jóvenes que han pasado por el *sexting* y el ciberacoso; o de niños y adolescentes que viven pegados al teléfono celular, las redes sociales y los videojuegos. En situaciones extremas, como el síndrome de Hikikomori, los chicos pierden contacto con el mundo real, porque su vida gira alrededor de los juegos en línea y sus amistades virtuales[13]. También se conocen casos de *grooming* y prostitución en la Red, o de jovencitas que han aprendido en los tutoriales de Internet a herirse las piernas y los brazos para aliviar el dolor y la ira. De esos casos hacen eco la radio, la prensa y la televisión, por la conmoción o el escándalo que producen.

En los espacios educativos se advierte una creciente inquietud debido al aumento de la violencia entre pares (*bullying)* y los comportamientos sexuales inapropiados que se evidencian en los muros de Facebook y en otras redes sociales.

Las preguntas que surgen entre padres, psicólogos y maestros son diversas, y en su mayoría plantean dudas sobre cómo limitar a los niños y adolescentes el uso excesivo de teléfonos, computadores, videojuegos e Internet; cómo librarlos de la adicción y evitar que sean consumidores de pornografía o víctimas del *cyberbullying* o de los pederastas en la red.

En un intento de encontrar explicaciones a los comportamientos de riesgo, violentos y sexuales, de sus hijos, muchos padres y madres de familia le "echan la culpa" a los medios de comunicación, los videojuegos, Internet y las nuevas tecnologías.

---

[13]   Este fenómeno se conoce como el síndrome de Hikikomori porque en japonés quiere decir "apartarse, estar recluido". Lo sufren las personas, especialmente jóvenes, que han decidido abandonar la vida social para relacionarse únicamente en el mundo virtual con otros *hikikomoris*.

Es innegable que existe un discurso sobrecargado de sexo y violencia que circula de forma abundante e insistente en muchas series de televisión, en la publicidad, las telenovelas, las películas, la música, en los mismos noticieros —donde la violencia es más real que en cualquier otro producto de ficción— y, desde luego, en Internet. También es cierto que muchos niños, niñas y adolescentes contemporáneos pasan demasiadas horas frente a las pantallas del televisor, el computador, la consola de videojuegos y los teléfonos celulares, atrapados por el poder seductor de la imagen y la fascinación que produce la interacción en los universos virtuales.

Los jóvenes consumidores prefieren la interacción y también el consumo de pornografía. El *sexting* se ha convertido en una práctica común entre ellos. Sin embargo, hay que comprender que estos comportamientos son síntomas de una compleja dinámica relacional existente en las familias a las que pertenecen estos niños y adolescentes, y el producto de una serie de necesidades educativas y emocionales que no están siendo resueltas adecuadamente por los padres.

Todo ese discurso de sexo y violencia, aun con la potencia que tiene para modelar comportamientos agresivos y conductas sexuales de riesgo, solo puede penetrar e influir en los espectadores cuando no existe un "filtro" adecuado y los contenidos se asimilan pasivamente. El "filtro" tienen que hacerlo los padres, madres, educadores y/o adultos responsables de la educación de los niños, niñas y adolescentes, para lo que se requiere cierta educación para el consumo crítico de los medios.

Pero, ante todo, los padres y madres deben estar dispuestos a aprender nuevas formas de relacionarse y comunicarse con sus hijos, y afrontar esa tarea educativa, en un momento en el que —con el predominio de Internet y las TIC— se ha ampliado la brecha generacional tanto que, a veces, vemos a los hijos como seres lejanos y asombrosos porque manejan divinamente las pantallas de cuanto aparato cae en sus manos. Se les otorga, o ellos se atribuyen, un estatus de superioridad y autosuficiencia, pues al tener acceso a un universo infinito de información parece que "ya lo saben todo" y no necesitan de nosotros, los adultos, y más bien acudimos a ellos para que nos enseñen a manejar el computador, abrir un correo electrónico o bajar aplicaciones para el iPhone, el Blackberry y la *tablet*.

Sin embargo, los padres seguimos siendo los adultos responsables y los referentes fundamentales de los hijos, lo que nos hace también responsables de encontrar alternativas para ir regulando su comportamiento y enseñarles cómo hacer un uso racional y positivo de los aparatos tecnológicos. Porque, más allá del "*chip* incorporado" con el que parecen haber nacido para navegar en las aguas de las TIC y la Internet, y por encima de su destreza en el manejo de la tecnología —ellos son los "nativos digitales"[14] y nosotros, los "inmigrantes digitales"[15]—, hay unas necesidades humanas que la tecnología no puede satisfacer ni cambiar.

No cambia, por ejemplo, la aspiración de los padres de hacer bien su papel y de que los hijos, a los que han llamado a la vida, sean buenas personas y crezcan sanos, seguros y felices. Ni tampoco su anhelo de tener unos padres que los amen, los respeten, les hagan saber lo valiosos que son, les ayuden a ir enfrentando las dificultades propias del crecimiento, los preparen para la vida y crean en sus capacidades

---

[14]   Marc Prensky, educador y escritor estadounidense, definió como "nativos digitales" a quienes nacieron rodeados de pantallas de televisión, computadores, videojuegos, Internet y nuevas tecnologías; y como "inmigrantes digitales", a las personas nacidas y educadas antes del auge de las nuevas tecnologías.

[15]   *Íbidem.*

cuando se lancen solos a ella. Tampoco cambia, ni en los unos ni en los otros, la necesidad íntima de contar con el cobijo y la seguridad que proporciona una familia en la que sus miembros se sientan amados, respetados y aceptados, lo suficiente como para que existan relaciones de confianza en las cuales apoyarse para vivir en paz y con bienestar, aunque suene a utopía.

Hoy más que nunca, en plena era digital, los padres enfrentan un desafío: *conectarse con los hijos*. Conectarse emocionalmente para prevenir que queden solos, a merced de los riesgos reales que ofrece Internet, el uso inadecuado de las redes sociales, los videojuegos y los teléfonos móviles o la temida influencia de los medios de comunicación. Temerle a la tecnología, prohibirla o abstenerse de ella es inútil, por eso es necesario aprender a usarla positivamente y servirse de ella, incluso como instrumento de educación en la escuela y en la casa.

La idea es procurar una *conexión emocional* que sirva de base para acompañar a nuestros hijos en su crecimiento y para dotarlos de las herramientas personales de protección que requieren para navegar por el océano virtual, sin peligro de que naufraguen. Esta conexión es posible a partir del amor, el respeto y lo que he llamado una *comunicación consciente*.

Lo que comparto en este trabajo es el análisis de varios casos, construidos sobre hechos y testimonios reales recogidos en consulta, durante procesos terapéuticos que he desarrollado en los últimos tres años. Los nombres, composiciones familiares y situaciones han sido cambiados.

ADICCIÓN A LOS VIDEOJUEGOS Y VIOLENCIA

Está muy difundida la creencia de que los videojuegos, las teleseries y las películas cargadas de violencia "producen" comportamientos violentos en los niños y adolescentes. Una de las quejas más frecuentes entre los padres y los educadores con respecto a los videojuegos, es que los niños y/o adolescentes pasan "demasiado tiempo pegados a la consola y prefieren videojuegos con contenidos violentos".

Por simple sentido común podríamos decir que, por ejemplo, 40 horas a la semana dedicadas a los videojuegos (el tiempo de una jornada laboral común), es un tiempo excesivo para cualquier persona y desde luego para un niño o adolescente en pleno desarrollo. También, por sentido común podríamos decir que la violencia no es el comportamiento que quisiéramos que nuestros hijos repliquen en su vida. Sin embargo, la violencia es uno de los contenidos más apetecidos en los videojuegos.

En las historias que se exponen a continuación veremos los casos de Julián (11 años) y Nicolás (5 años). Los dos consumen videojuegos en tiempos superiores a las 40 horas semanales y presentan signos de adicción; además viven dinámicas de violencia en la relación con sus pares, en sus contextos escolares, aunque cada uno desde un lado distinto de la misma moneda. Nicolás agrede a sus compañeros, Julián es agredido.

Veamos qué relación existe entre el consumo excesivo de videojuegos y la dinámica de violencia que viven estos niños.

El caso de Julián
11 años
Alguien agredido

"Julián no duerme por jugar con los amigos hasta la medianoche. Ha bajado en calificaciones y lo noto cada vez más irritable. Pasa toda la tarde en los videojuegos y no quiere hacer nada más. Si por él fuera no bajaría ni a comer".

A sus 11 años, Julián prefería conectarse por Skype para saber cómo superar cada nivel de su videojuego favorito. Después de varias horas mirando algunos "tutoriales" de chicos de Argentina que lo guiaban, empezaba la competencia en línea con sus "amigos conocidos" y 4 o 5 de otras partes del mundo. Todos desde su casa. En el colegio casi ni se saludaban, pero cuando entraban a la Red eran los "mejores" amigos. De lunes a viernes, Julián jugaba a diario hasta 5 horas sin parar, y los sábados y domingos se mantenía frente a la consola 7 horas, sin interrupción.

"No hay forma de sacarlo del computador, no sé cómo convencerlo de que haga otras cosas. ¡Se le ha vuelto un vicio!", se lamentaba la madre.

"Hay veces en que puedo estar dale y dale sin pasar de nivel, y ya se me acaba el tiempo, y me llaman a comer. ¡Odio perder! Por eso sigo, parece que ya voy a ganar. Y, si insisto, ¡de pronto gano! Entonces quiero más. ¡Soy un *máaaaster*!".

Julián lo decía sonriendo, con una especie de gruñido en la voz, mientras fruncía la nariz y mostraba los dientes, poniendo cara de malo. Se sentía triunfador. Luego levantaba los brazos y apretaba el puño para que le aparecieran los bíceps, se los miraba y decía con desconsuelo: "Quiero tener músculos y no ser un palo…", al tiempo que se dejaba caer en el sillón con un gesto de autocompasión y desengaño en su rostro.

Cuando vino a mi consulta, llevaba un año siendo agredido por Emilio, un chico de su edad a quien llamaba "mi mejor amigo". No le había contado a nadie. Ni a su mamá, porque no quería que sufriera, ni a sus hermanos porque "pasan con sus amigos y en sus cosas"; y menos a su padre, que cuando lloraba le repetía: "No seas niñita".

Se guardó mucho tiempo los golpes de Emilio y que le gritara *gay* en el bus del colegio, mientras los demás chicos se reían de él. Su "mejor amigo" lo acosó de distintas maneras durante todo el año escolar. Con amenazas de agresión lo retaba: "¡Te voy a partir la cara!", parándose a la altura de su rostro y mirándolo fijamente sin dejar de gritar con insultos: "¡Piltrafa huesuda!" y con burlas: "Nena, no le cuentes a tu mami que ¡eres *gay*! ¡Jajaaa…!". Finalmente Julián reaccionó de forma violenta y le dio un puñetazo en el estómago en pleno salón de clase. Como las agresiones de Emilio —a excepción de la escena en el bus— siempre ocurrían cuando estaban a solas, él se volvió la víctima ante todos y Julián, el malo de la película.

Llegó a consulta porque el colegio le pidió que "aprendiera a manejar su ira". Sus padres contaron que se encontraba irritable constantemente y que jugaba los videojuegos a escondidas, y se preguntaban: "¿Es posible que se haya vuelto así de agresivo por los videojuegos?". La respuesta fue NO, no solamente. Julián tenía mucha ira acumulada, pero su agresividad tenía varios componentes.

Resistió el acoso durante un año, y —como es natural— cada vez que fue agredido sintió el deseo de responder de la misma manera. Pero se reprimió por miedo. Acumuló mucha rabia contra Emilio, contra sus compañeros que se burlaban del maltrato que sufría y contra sí mismo, porque se veía como alguien incapaz de defenderse. "Soy un debilucho, un inútil", decía.

Descargar la ira de la vida real en los videojuegos

Julián permaneció en silencio. Sin hablar con nadie de lo que sentía porque temía ser juzgado y no confiaba en que lo pudieran ayudar. Tenía un dolor en el pecho y en la garganta, y contenía las lágrimas que le quemaban los ojos. Estaba harto de sentirse débil. Se sentía humillado, lleno de impotencia y solo.

Estas eran algunas causas de la ira en la vida real; sin embargo, también se irritaba al jugar los videojuegos, lo cual no es raro. Quienes juegan videojuegos —no importa la edad— permanecen en estado de alerta e irritables, pues se llenan de rabia para combatir y ganar. Esta emoción hace que el cerebro libere altas dosis de adrenalina mientras juegan, y no es fácil salir del estado que se genera.

Los efectos se pueden observar en la agresividad con la que actúan y se relacionan con las personas, y sobre todo en la pérdida de la capacidad de empatía ante el sufrimiento del otro. Hay estudios que indican que después de tan solo media hora de exposición a los videojuegos, los niños se vuelven descorteses y descomedidos, dejan de tener en cuenta a los demás y sus necesidades.

La ira es la emoción que, en su cara positiva, equivale al coraje y la determinación que se requieren para vencer los obstáculos que se nos presentan en la vida y lograr lo que queremos. Pero Julián estaba entrampado en la otra, en la cara molesta y dolorosa de la ira, la que se percibe con la impotencia, la frustración y la injusticia, que actúa como un veneno que hace que uno se vuelva rabioso e irritable.

Julián expresaba su malestar con gritos y respuestas descomedidas, con la dedicación excesiva a los videojuegos y, finalmente, con el golpe que le devolvió a Emilio. Pero no lograba deshacerse de él: su ira se alimentaba día a día en las distintas situaciones que vivía y no sabía cómo resolverlo. Por eso, los videojuegos además de servirle para descargar la ira, también le eran útiles para evadir la realidad y sublimar la frustración.

El triunfo virtual para evadirse del fracaso real

En sus videojuegos, Julián era el héroe que siempre ganaba. En ese universo virtual él era el personaje que tenía los músculos y la capacidad que no tenía en la vida real para defenderse y vencer a quien lo agredía.

En los videojuegos el jugador tiene varias vidas y cuando se acaba una se acude a las otras, y si se acaban todas, siempre se puede empezar de nuevo el juego y "revivir". En el escenario virtual hay múltiples oportunidades de volver a empezar e intentar lo mismo, hasta que se triunfa. El triunfo se logra generalmente con la destrucción del enemigo, lo que produce una gran satisfacción porque, además del gusto de triunfar, el hecho de golpear, e incluso matar, no le traen ninguna consecuencia negativa a quien lo hace. En la vida real, matar es un delito y es penado con la cárcel, y golpear también tiene sus consecuencias. Pero en el videojuego la destrucción del enemigo solo significa subir de nivel y saberse más fuerte.

"Lo malo de los videojuegos es que cuando acabas el juego te das cuenta de que tu vida es una porquería", se lamentaba Julián.

Julián se enfrentaba a una realidad que no le gustaba nada: Emilio lo maltrataba y él no lograba defenderse. Y cargaba sus propias limitaciones humanas: su delgadez física y su miedo. Los superpoderes, la inmortalidad y la invulnerabilidad que proporcionan los videojuegos no existen en el mundo real. Ese choque contra los límites que impone la presencia del otro le producía a Julián un gran desencanto y lo llevaba a ver su existencia como una porquería, aunque goza de un lugar privilegiado en la escala social y tiene un iPhone, un iPad, un Macbook Air y un Kindle.

Las ventajas de los videojuegos

"Yo le he dejado jugar porque sé que los videojuegos también son buenos para su inteligencia", comentaba el padre de Julián.

Se piensa que los videojuegos favorecen el desarrollo de la motricidad fina y que aquellos de estrategia como *World of Warcraft*, en su versión de supervivencia, con un ritmo mucho más calmado que los de acción y violencia, propician la capacidad de tomar decisiones de forma rápida.

En la mayoría de videojuegos hay que enfrentar retos que con constancia se van superando, se combinan múltiples habilidades para estar atentos a los peligros del camino y a las mañas del enemigo, asegurándose cómo usar las armas con que se cuenta para la defensa, cuándo usarlas y esquivar obstáculos, hasta vencer. Todo ello sugiere que los videojuegos son útiles para hacer conexiones neuronales que contribuyen al desarrollo del pensamiento lógico, así como para desarrollar habilidades, crear estrategias, tomar decisiones rápidas y alcanzar objetivos.

Otro de los efectos positivos es el aumento de la coordinación entre la mano y el ojo, el estímulo de distintas partes del cerebro que permite ejercitar la capacidad para entender y procesar situaciones complejas, y el desarrollo del *multitask*[16], es decir la capacidad de realizar varias acciones al mismo tiempo. Sin embargo, ahora se conoce que el *multitask* no es otra cosa que una atención dividida, dispersa, que termina por retrasar el cumplimiento de las tareas, pues es imposible hacer simultáneamente más de una que exija la concentración de todos los sentidos.

No obstante, pese a que se toma como cierto que los videojuegos tienen efectos positivos, hay otros menos deseables, entre los cuales el principal es la adicción. Los videojuegos son una experiencia de diversión y la diversión es adictiva.

De la diversión a la adicción

Ante cualquier experiencia que satisface una necesidad humana, el cerebro libera sustancias que proporcionan placer. La diversión satisface la necesidad humana de entretenerse, de no aburrirse.

Luego de la experiencia placentera, la persona —sin importar su edad— buscará repetirla para obtener más satisfacción y sensaciones positivas. Si la búsqueda del placer (comida, sexo, trabajo, juego, sustancias, etc.) es constante y empieza a afectar otros aspectos de la vida, estamos frente una adicción. Si la fuente de satisfacción proviene mayori-

---

[16]   El término *multitask* o multitarea se ha tomado de las características de los sistemas operativos que permiten que se ejecuten varios procesos, aparentemente al mismo tiempo.

taria o únicamente de la diversión, lo que ocurre —poco a poco— es que se pierde la capacidad de sentir el placer que generan otras vivencias como el aprendizaje, la obtención de un conocimiento, el desarrollo de una habilidad, el logro de una meta, la generación de una idea creativa, la solidaridad humana o la contemplación de la naturaleza y el arte.

Si las actividades que se desarrollan en las pantallas son el único ejercicio lúdico del niño o adolescente y no se combinan con otras que precisan trabajo intelectual, creatividad y actividad física (lectura, escritura, arte, deporte, ejercicio, etc.), dicha dependencia se traduce en una importante reducción de la experiencia humana.

A todo lo anterior, se suma la dificultad que muchos niños —que se dedican en exceso a los entornos virtuales— tienen para pasar de las actividades de diversión a las de responsabilidad, así como una creciente tendencia al aislamiento, que termina por afectar sus habilidades sociales.

En la adicción a los aparatos tecnológicos, a Internet y a los videojuegos —como en cualquier otra adicción— se observan los mismos síntomas de dependencia y ansiedad que se experimentan en los períodos de abstinencia. A Julián, su adicción a los videojuegos le ha servido para evadirse de la realidad injusta que vive y a la cual siente que no puede cambiar.

Un refugio virtual para evadirse de la violencia real

La evasión es una de las formas más comunes de sobrevivir a situaciones en las que uno se siente atrapado, sin alternativas de solución. Intentar alejarse de la realidad que duele, molesta o perturba es algo muy frecuente en el comportamiento humano y se hace de distintas formas: con el consumo de sustancias como el alcohol o las drogas, con otras parejas (en el caso de las relaciones), con la dedicación excesiva al trabajo, al ejercicio, a los viajes, al sexo, a Internet, a la pornografía, al juego, etc.

Está claro: Julián intentó evadirse de la realidad, internándose durante horas en sus videojuegos, pero no solo por la situación compleja que vivía en la escuela sino también en el hogar.

Sus padres discutían fuertemente por sus problemas de pareja no resueltos. El padre se encolerizaba pero prefería cortar las peleas, alejándose mientras decía: "Habla no más, di todo lo que quieras... yo mejor me callo". La esposa lo seguía, se enfrentaba a él y gritaba con todo el cuerpo, desafiándolo a que la golpeara. Nunca lo había hecho, aunque a veces había puesto la mano en alto muy cerca de su rostro, en son de amenaza.

Esto ocurría, en ocasiones, frente a los hijos y, otras, a puerta cerrada. Luego de los enfrentamientos, la madre pasaba por las habitaciones de los hijos pidiendo cuentas de las tareas y amenazando con acudir al padre si no cumplían. A veces, cuando encontraba algo que considera mal hecho, repartía manotazos en la cabeza y tirones de oreja o palmadas en la boca si respondían o protestaban. El padre, a lo lejos, gritaba: "¡Loca!, ¡loca!, ¡por qué te desquitas con los chicos!". O cuando estaban en la mesa, refiriéndose a la comida le decía: "...Qué difícil es que alguna vez te salga algo bien...", "Sería un verdadero milagro que algún día comamos algo bueno hecho por ti...". Se expresaba en tono de broma, pero en realidad, acudía a la descalificación y al sarcasmo para vengarse y expresar el resentimiento que tenía con su esposa.

"Tengo mucha rabia de que mi mamá se desquite con nosotros, aunque ahora es más conmigo que con mis hermanos, y también me da miedo que mis papás se separen, pero me olvido de todo cuando estoy en el compu…", decía Julián, sonriendo levemente, como dándose cuenta de que su computador era su refugio.

"¿Es posible que los videojuegos le hayan vuelto violento?", preguntaban los padres de Julián en la primera consulta.

La conducta violenta es mucho más compleja como para echarles la culpa a los videojuegos. Aparece muchas veces como algo inexplicable, pero tiene sentido dentro del contexto relacional familiar. En esta familia se vivía la violencia a diario. Julián reflejaba —en parte— la sobrecarga de ira que circulaba en ella. Y, como he insistido, los videojuegos le ayudaban a evadirse, a "olvidarse de su realidad".

En el mundo virtual Julián podía ser el más fuerte, vencer enemigos y ser un *máster* que siempre ganaba. Podía olvidarse, al menos mientras jugaba, del dolor de la humillación, del acoso que vivía en la escuela y abstraerse de la soledad en la que se encontraba al no poder hablar con nadie de lo ocurrido ni pedir ayuda por miedo a ser juzgado de débil. Este era un escenario perfecto para que surgiera la adicción, pues la necesidad de ahuyentar el dolor calzaba perfecto con la necesidad de diversión.

Pero, ¿qué hacía que Julián fuera el "acosado" y no quien "acosaba"? ¿Por qué había asumido el papel de agredido y no el de agresor?

Nuestra historia construye nuestra identidad

Julián es el tercero de tres hijos varones. Los dos mayores tienen 17 y 16 años. Y al referirse a él, su madre decía con cierta impaciencia, irritación y desconcierto: "Julián… siempre ha sido un poco débil, desde chiquito, frágil, enfermizo… Ahora que nos contó, le dijimos que tiene que ser fuerte como sus hermanos, ellos nunca han pasado por algo así. Eran valientes y se defendían. Ellos también le han dicho que tiene que defenderse, pero no sabemos si sirve de algo lo que le decimos porque si le hablamos se queda en silencio...".

"Cuando le dije a mi papá que no me había defendido antes porque tenía miedo, me dijo: ¿Qué, eres mariquita o qué?". Lo decía con el rostro enrojecido de vergüenza y con las lágrimas temblándole en los ojos.

La palabra de los padres es *la verdad* para los niños. Cuando esa palabra refleja dudas acerca del valor o las capacidades del hijo, él lo percibe y duda de sí mismo. Cuando se ve al niño con compasión, este aprende a autocompadecerse; si se ve con lástima o pena, el autoconcepto se forma sobre esa base.

Julián fue visto por sus padres, desde etapas muy tempranas, como "débil, frágil y enfermizo". Había escuchado a su madre referirse a él de esta manera, al contar la historia de su nacimiento: "Fue sietemesino, por eso nació con los pulmones inmaduros y tuvo muchos problemas respiratorios, desde chiquito me daba mucho pesar...". Definitivamente, las historias que nos cuentan y que contamos sobre nosotros mismos y nuestra vida construyen nuestra identidad.

La identidad de Julián se construyó sobre la idea de una supuesta fragilidad y debilidad. Les escuchó a sus padres llamarle siempre *débil, frágil, enfermizo, mujer, mariquita*, e inconscientemente él fue leal a las etiquetas y a esa narración. Tristemente les daba la razón a sus padres.

Cuando una persona se define a partir de una etiqueta, actúa en consonancia con lo que describe la etiqueta. Julián fue etiquetado inconscientemente por sus padres y aprendió a mirarse a través de sus ojos y a darles la razón. Por eso, cuando en la escuela su compañero le decía *nena, gay* o *debilucho*, estas expresiones se engarzaban perfectamente con la idea previa que Julián tenía de sí mismo. La humillación es la manera más eficaz de destruir la autoestima de una persona, y más de un niño.

La violencia se aprende en la familia

De otro lado, Julián vivió la violencia en su casa de manera directa e indirecta. Ya se ha dicho que el comportamiento agresivo, al igual que la gran mayoría de comportamientos, se aprende en la familia. Los niños y adolescentes que sufren de *bullying* (acoso) y quienes lo ejecutan (acosadores), provienen de contextos familiares en los que ya han sufrido la violencia de antemano. Es decir, que han aprendido a desempeñar un papel en la dinámica de violencia que existe en sus familias, ya sea porque la observan entre sus padres o la reciben directamente de ellos o de algún adulto. Se trata de una relación de poder en la que el niño está en situación de impotencia e indefensión. El maltrato puede ser físico (golpes), psicológico (agresión verbal, abandono, negligencia) o sexual (abuso, violación).

Julián había presenciado durante años las reacciones agresivas de sus padres y la forma en que se agredían entre sí. Quien observa la violencia es también víctima de la violencia, y no solo participa pasivamente de ella, sino que aprende a tolerarla o a perpetrarla. El chico le temía a quien se comportaba igual que su madre, es decir, al que protagonizaba el papel activo en la escena violenta y la expresaba con gritos, insultos y descalificaciones.

Ante una escena como esta, Julián experimentaba varios sentimientos. Sentía pena por su papá cuando la madre le decía: "Inútil, bueno para nada". Sentía ira hacia la madre pues le parecía injusto que lo tratara así. También le temía porque la veía encolerizada. Sentía vergüenza del padre al verlo humillado y, al mismo tiempo, se enojaba con él porque lo veía callarse ante los gritos de la mamá. "Debería al menos decirle que deje de gritar… a veces creo que mi papá le tiene miedo…", contaba Julián.

Es frecuente que los hijos que presencian la violencia de sus padres inicialmente se solidaricen con quien es agredido y hasta lleguen a sentir odio por quien agrede. Pero, poco a poco, si la situación se hace perenne, y el agredido decide postrarse en su condición de víctima, la rabia se va extendiendo hacia el que no se defiende. El hijo, como cualquier otro ser humano, ante una situación de injusticia, espera que el ofendido actúe en su propia defensa y recupere la dignidad.

Las víctimas inspiran lástima y compasión cuando son lejanas, pero si están cerca, inspiran rabia. En general se valora al más fuerte y a quien, aun sintiéndose vencido, finalmente se levanta y se defiende. Pero si no lo hace y se regodea en la queja y en la evasión, la persona legitima el miedo reverencial al más fuerte e, inconscientemente, envía el mensaje: la violencia está permitida.

Por eso, aunque resulta incomprensible, los hijos suelen replicar la conducta violenta y la falta de respeto hacia el padre o la madre que está en posición de víctima. No es raro encontrar mujeres y hombres violentados por sus parejas cuyos hijos hacen lo mismo al crecer; e incluso siendo niños no acatan su autoridad, no los respetan. El padre o la madre modela el irrespeto hacia su pareja. Sin decirlo con palabras. "Autoriza" a sus hijos para que hagan lo mismo. Pero, además, quien no se defiende emana el mensaje de que tolera la violencia, lo que equivale a una falta de respeto. Y es verdad que nadie respeta ni valora a quien no se respeta ni se valora a sí mismo.

Julián aprendió a tenerle miedo a quien agrede (como el papá parecía temerle a la mamá). Le tenía miedo a Emilio, no únicamente porque lo amenazaba y agredía, sino porque sentía miedo de quedarse solo sin su supuesto "mejor amigo".

Palabras que no ayudan a superar el miedo

Los padres de Julián trataron, sin éxito, de enseñarle a que se defendiera con expresiones como estas:

"*Tienes que* dejar de ser cobarde".

"*Tienes que* ser valiente".

Aunque las frases parezcan positivas y de aliento, el mensaje implícito es "no eres valiente, eres cobarde". Julián *no era* cobarde. Julián *tenía* miedo. Y podía dejar de tenerlo. Julián *creía* que no tenía fuerza, sentía miedo. Pero el miedo solo es una emoción que puede manejarse y superarse. Al hacerlo, la creencia de que se "es débil" puede ser reemplazada por la confianza y el poder personal.

La forma en la que un individuo se hace una idea de sí mismo y construye la noción de su propio valor es a partir de las interacciones y experiencias de comunicación que tiene con sus padres o las personas que han estado a cargo de su cuidado desde su nacimiento. Hasta los 5 años de edad hemos tenido millones de experiencias de comunicación, hemos desarrollado ideas sobre cómo nos percibimos, entendemos las expectativas que los demás tienen de nosotros y sabemos internamente lo que es posible o no para nosotros, en el mundo. Este aprendizaje temprano se convierte en los cimientos sobre los cuales construimos el resto de nuestras vidas.

Calificar al *ser*, degradándolo o desvalorizándolo con la utilización de adjetivos insultantes y peyorativos es una de las prácticas más comunes en la comunicación humana. Lo grave es que está totalmente normalizada y, en general, no existe suficiente conciencia del enorme efecto perjudicial que esas expresiones producen en quien las recibe, porque provenimos de una cultura que se enfoca en la deficiencia y que está acostumbrada a desvalorizar a las personas, a través del lenguaje. Se acude a los términos peyorativos para señalar el error, con la supuesta intención de que la persona reaccione, se sacuda, despierte al "ponerle el dedo en la llaga" y mejore.

Sin embargo, esta práctica —lejos de ayudarle a superar la falla— lo que logra es herir al *ser;* produce resentimiento y, fundamentalmente, impide el desarrollo de la autoestima y la seguridad personal. Y en el caso de los niños y adolescentes, como se dijo antes, se convencen de lo que les dicen sus padres y se sumergen en la inseguridad que produce el desconocimiento y la duda acerca de las capacidades y el valor propio, el miedo y la falta de aceptación de sí mismos.

Entre la narración de la madre acerca de la "debilidad" de Julián y los calificativos de cobardía del padre, él se convenció de que era débil, por eso tenía miedo, no únicamente del agresor sino de quedarse solo, sin su "mejor amigo".

El miedo en su lado positivo es una emoción protectora y de autoconservación, que nos conduce a preservarnos del peligro, pero en su versión negativa tiene una serie de efectos: nos paraliza, nos hace atacar o huir. Cuando la reacción es la parálisis, nos impide ver alternativas y nos deja sin posibilidad de acción. Julián, sin una palabra de aliento que lo llevara a creer en su capacidad de supervivencia, en su fortaleza interna y en su valor como ser humano, no lograba ver salida. Intentaba *huir* de la realidad en sus videojuegos y *atacaba* a los contrincantes virtuales, lo que no podía hacer en el mundo real.

Vencer el miedo, salir de la violencia

La reacción final con Emilio fue el inicio de la recuperación de Julián. Comprendió que pese a su aparente fragilidad física había dentro de él una gran fortaleza que lo llevó a defenderse, quizá no de la manera apropiada, pues también le causó daño a su compañero, pero sí como respuesta a la rabia acumulada por la humillación. Además, el colegio propició el reconocimiento del comportamiento violento de Emilio, la presentación de disculpas y actos de reparación.

Además, aprendió que la capacidad de defensa no tiene que ver únicamente con la fuerza física, sino con el reconocimiento de la fortaleza interna que se basa en la autovaloración y la dignidad. Y empezó a verse en su condición de persona fuerte: capaz de vencer el miedo y de ejercer su derecho a ser respetado por el solo hecho de existir, y se sintió capacitado para superar la adversidad.

Pudo redefinir el concepto de la amistad, al darse cuenta que donde hay maltrato no florece la confianza, porque el maltrato es la expresión de la falta de respeto. En ese escenario no pueden surgir los afectos. El respeto y la confianza son condiciones fundamentales en la amistad y en cualquier relación humana.

Julián ha ingresado a clases de taekwondo. Tiene una hora y media al día para jugar videojuegos y hacer tareas que requieren de Internet o de Skype. Es el mismo tiempo del que disponen los padres y los hermanos mayores para el correo electrónico, los videojuegos o Facebook cuando están en la casa. Los padres, después de entender cómo su relación afectó a su hijo, decidieron parar la violencia y erradicarla de su familia. Ahora asisten a terapia de pareja. *"Están cariñosos"*, comentan sus hijos.

La irritabilidad de Julián ha bajado notablemente. "Se le ve más seguro y tranquilo", reconocen los hermanos. ¿Y el miedo? "¡¿Qué es esooo?!", responde Julián, sonriendo abiertamente.

El caso de Nicolás
5 años
Alguien que agrede

"Cuando llego a la casa juego en el iPad, después de comer juego en el iPad, veo la televisión y juego en el iPad, antes de dormir juego en el iPad... ¡ah! y cuando me despierto juego en el iPad...".

Nicolás describía así —entre risas— su rutina diaria. Además de comer a medias, ir a la escuela, bañarse y dormir, incluía hasta 4 horas de videojuegos, de lunes a viernes, y hasta 6 o 7 horas, sábado y domingo. Su juego favorito era *Plantas vs. Zombies*, y desde hace 2 años no hacía otra cosa que pedir con insistencia el aparato para dedicarse a este juego con vehemencia.

Mamá: "Yo le doy el iPad para que se entretenga porque paso muy ocupada en la casa, especialmente con la hermana que me necesita más porque todavía es muy chiquita. (...) y también porque insiste tanto que termino por dárselo para que me deje en paz...".

Papá: "Yo se lo doy cuando llevo trabajo a la casa. Él juega en el iPad mientras yo termino de trabajar. Y, a veces, puede ser que se me olvide cuánto tiempo lleva...".

Pero los padres de Nicolás no llegaron a consulta porque les preocupara el tiempo que su hijo les dedicaba a los videojuegos. Recién, al escuchar el recuento de las actividades diarias, se dieron cuenta de que el iPad y los videojuegos tenían un enorme protagonismo en su joven vida, y preguntaron: "¿Puede tener alguna relación con su agresividad?".

El colegio les pidió que buscaran ayuda porque desde que Nicolás llegó al prekínder hace 2 años, agredía a sus compañeros. Era el niño más alto y fuerte de su clase, peleaba con frecuencia con los amigos, se paraba frente a ellos sacando el pecho, con las manos en la cintura, la cabeza estirada, mirándolos en forma intimidante.

"Es agresivo, pelea, les grita, los empuja... Cuando juegan, él es quien da las órdenes y si no le obedecen se enoja, llora de la rabia y ya no quiere seguir jugando. No le gusta perder y poco a poco se ha quedado sin amigos. Ya no le toman en cuenta", explicaba apenada la madre.

Otra preocupación es que se enojaba mucho cuando no conseguía hacer alguna tarea. "Si no le salen bien los dibujos o no logra recortar o escribir, lanza las cosas al suelo y se estruja la cara con las dos manos gruñendo: ¡No puedo!".

Los videojuegos: entre la frustración y la fantasía

Nicolás se dibujaba a sí mismo como un mago que podía transformar una casa pequeña en una gigante en solo diez segundos. Los videojuegos estimulan el pensamiento mágico propio de su edad y por lo tanto la capacidad de imaginar mundos fantásticos, en el que el personaje que representa el jugador puede lograrlo todo.

Entre los 3 y los 6 años, el niño está naturalmente en la edad de la fantasía, donde predomina el pensamiento mágico, en el que "todo es posible". En esta etapa, a los niños les cuesta diferenciar entre lo real y lo imaginario, por lo que su tendencia a la frustración es mayor.

A Nicolás le costaba ir a la velocidad del tiempo real y sentía mucha frustración si no conseguía escribir a mano o recortar, pues sus destrezas en el iPad no le servían para eso. Como en toda pantalla táctil, basta un toquecito para que se cumpla cualquier acción, mientras que en la vida real —a la hora de hacer las tareas manualmente— el desarrollo de habilidades y destrezas requiere de paciencia y práctica.

Frustrar, según el *Diccionario de la lengua española,* es "privar a alguien de lo que esperaba (…) malograr un intento. Dejar sin efecto un propósito contra la intención de quien procura realizarlo".

La frustración es el malestar emocional que se genera cuando no se cumplen las expectativas que uno tiene sobre algo que quiere hacer, lograr u obtener. La imposibilidad de realizar lo que uno quiere, por razones internas o por obstáculos externos, produce frustración. A veces, en el mundo real, la realidad frustrante puede cambiar con persistencia, pero hay ocasiones en que no queda más remedio que dar por perdido el objetivo y abandonar el empeño y la lucha, ya sea porque el proceso y los resultados no dependen solo de uno o porque las circunstancias no ayudan y no se pueden modificar únicamente con desearlo.

A Nicolás le producían frustración dos cosas: las tareas manuales y que sus amigos no le obedecieran en los juegos de la vida real.

El niño, como todos los asiduos a los videojuegos, jugaba sin parar hasta que lograba ganar y pasar de nivel. Al final triunfaba, venciendo al enemigo. Cuando jugaba en la vida real, Nicolás esperaba que sus amigos cumplieran el papel que él les había asignado. "Ellos son los malos", decía. Y quería que hicieran lo que él estaba acostumbrado a que hicieran los malos de sus videojuegos. Allí, las secuencias de acción son las mismas, los personajes cumplen invariablemente un papel determinado y el jugador es quien controla la situación. Pero las interacciones humanas exigen que uno se ponga de acuerdo con los otros y se tengan en cuenta sus opciones, preferencias y necesidades, si se quiere forjar una relación. Si eso no ocurre, el deterioro de la relación es inevitable.

Entonces, Nicolás se frustraba al jugar con sus amigos en la vida real. Ellos también querían decidir y no solo obedecer. Eso no coincidía con la pauta de acciones que se desarrollaban en la mente de Nicolás, acostumbrado al guion preestablecido del videojuego, en donde él es quien tenía el control total y siempre sabía cómo actuar.

La fascinación de que todo es posible

Ante la imposibilidad de controlar el escenario real, Nicolás trataba de imponerse ante sus amigos. Primero a gritos y, como no lograba que hicieran lo que él quería, pasaba a los empujones y a los golpes, una de las formas más comunes de expresar la frustración. Este comportamiento fue el que le trajo las consecuencias ya conocidas: el rechazo de sus pares y el llamado de atención de los adultos.

Con la frustración que tenía, al igual que la enorme mayoría de niños que juegan en sus consolas, Nicolás prefería los videojuegos que le proporcionaban la oportunidad de internarse en el universo virtual en el que tenía el control, dominaba el escenario —aunque costara esfuerzo— y, finalmente, ganaba, sin pensar en las necesidades de nadie. Sin embargo, resentía la ausencia de los amigos reales, y sufría por el rechazo.

En cambio, en el universo virtual no existen ni malestar ni frustración perpetua. En los videojuegos las metas se cumplen, los objetivos se logran, invariablemente, aunque tome tiempo. Si se insiste, uno tiene el poder de cambiar la realidad incómoda de la derrota, de recomenzar, y el triunfo depende de la velocidad con que se desarrollen las habilidades para superar los obstáculos y alcanzar los objetivos. Y en el desafío de lograr el objetivo —de triunfar— está el enorme poder compensatorio de los videojuegos.

La sensación de logro, de poder, genera satisfacción y compensa lo desagradable de la frustración. Esto convierte a los videojuegos en una especie de "refugio virtual" en el cual los jugadores se internan a aliviar las frustraciones de la vida real. Nicolás —al igual que Julián— anhelaba que su realidad humana le permitiera hacer lo que hacía frente a la pantalla, donde "todo es posible".

De otro lado, los videojuegos ofrecen una experiencia magnífica. La fascinación que generan se explica porque en ellos no solo se puede "actuar" sino hacer cosas que no son posibles en la realidad. Se trata de una experiencia extraordinaria. Ninguna obra cultural (pintura, escultura, teatro, cine, etc.) permite participar en ella. La obra de arte está para ser contemplada. El espectador no es parte de lo que ha creado el artista. En cambio, el videojuego crea la ilusión de participar y actuar en ese mundo virtual.

De esta forma se potencia la idea de que "todo es posible". Aunque este precepto es muy positivo y ha contribuido a la evolución de la humanidad, el sentido de poder ilimitado puede llegar a ser altamente frustrante, pues la aceptación de las limitaciones es tan necesaria como el reconocimiento de las destrezas y habilidades con que contamos todos los seres humanos.

Enseñar a los niños y adolescentes a diferenciar lo posible de lo imposible, aterrizándolos, haciéndoles valorar la riqueza de la interacción con los otros, así como a reconocer sus fortalezas y limitaciones, es indispensable para "conectarlos" con la vida real y facilitar su capacidad de relacionarse con los demás.

Más razones de la agresividad en la familia

Volvamos ahora la mirada al contexto familiar de Nicolás para ver qué otra explicación había en su comportamiento agresivo.

El padre de Nicolás es un emprendedor que dedicaba más de doce horas al día a su trabajo. La prosperidad de esta joven pareja permitió a la esposa permanecer en casa al cuidado de los niños. Su plan es que ella se incorporara a la vida laboral en una jornada de medio tiempo o en una actividad propia una vez que sus hijos no la necesitaran tanto como en los primeros años de vida.

Sin embargo, después de seis años de estar a su cuidado, Soledad estaba cansada de la rutina y se sentía sola. Afirmaba que disfrutaba de su maternidad pero echaba en falta a su esposo que dedicaba poco tiempo al hogar y mucho al trabajo; siempre parecía cansado. "Cuando llega a casa solo quiere dormir o sigue trabajando en su *laptop* hasta muy altas horas de la noche (...), mientras tanto yo veo una película y a veces juego *Candy Crush* o me la paso en Facebook", contaba la madre de Nicolás, con tono de apatía.

Los dos admitieron sentirse desanimados pues las dificultades en la crianza de los pequeños los había alejado como pareja y se sentían frustrados al ver que, "aún con toda la dedicación que cada uno pone en sus respectivos roles, Nicolás tiene problemas de agresividad y el colegio está a punto de expulsarlo".

Pero, ¿de quién pudo haber aprendido Nicolás el comportamiento agresivo? "Nosotros nunca nos peleamos delante de los niños, jamás", opinaban Marco y Soledad, tratando de responder a la pregunta.

"Yo juego con él a las luchas, aunque a la mamá no le gusta porque dice que eso lo vuelve violento", decía el padre. "Yo le grito a veces a Marco cuando le da el iPad para que juegue después de que ya habíamos dicho que no se lo íbamos a dar más...".

Como humanos es frecuente que levantemos la voz y gritemos cuando no logramos comunicarnos y sentirnos escuchados. "Pero nosotros no gritamos, más bien no nos hablamos algunos días", coincidían. Cuando los padres de Nicolás se enojaban entre sí no gritaban, simplemente no hablaban y luego de algunos días volvían a conversar.

Los mensajes que Nicolás recibió de sus padres son bien distintos a los que escuchaba Julián. En los juegos de lucha Marco le decía: "Tú eres valiente, eres grande, no tienes que dejarte nunca de nadie, eres fuerte, mijo, como tu papá".

No es herencia, son modelos y "lo que no se dice"

Pero esto aún no explica el comportamiento agresivo de Nicolás, que se inició 2 años atrás. ¿Ocurrió algo que pudiera ser significativo en ese tiempo?

Sí. Cuando Soledad estaba embarazada de 8 meses de su segunda hija y Nicolás tenía 3 años, viajaban tranquilamente hacia una población cercana. De repente, un conductor agresivo que circulaba en sentido contrario ingresó al carril sin poner las luces direccionales. Para esquivarlo, Marco hizo una maniobra y se salió bruscamente de su carril, provocando el frenazo de un camión, que evitó el impacto. El susto fue tremendo y llenó de indignación a Marco, que empezó a perseguir al imprudente; cuando el semáforo se puso en rojo se bajó del vehículo, lo sacó a empellones y empezó a golpearlo en plena calle.

Varios conductores que habían observado la maniobra, se detuvieron para alentarlo: "¡Dale, dale más duro!", gritaban. Marco es un hombre fornido, mide más de 1,80 m y, efectivamente, le propinó una golpiza con toda su alma. Soledad corrió hacia su esposo para tratar de calmarlo y dejó a Nicolás en el automóvil. Al verla, Marco se detuvo. Soledad y Marco nunca hablaron de lo sucedido y menos se les habría ocurrido hacerlo con Nicolás, que había observado todo entre llantos y gritos de pánico.

"Nunca hablamos de eso seguramente porque fue algo muy feo. Al principio me sentí aliviado porque descargué toda la furia que sentí contra este hombre que había puesto en riesgo a mi familia, pero luego la sensación fue horrible. Me puse a pensar qué habría pasado si ¡le hubiera dado un golpe que lo hubiera matado! Tuve mucha vergüenza por haberme salido de casillas y haber actuado como un bruto delante de mi mujer que estaba embarazada y de mi hijo que era tan chiquito".

Marco recuerda haber tenido problemas para manejar la ira durante la adolescencia. Formó parte de un grupo de jóvenes temidos por ser buenos para los golpes. Ganaban todas las peleas. Hasta que, en una de ellas, alguien del bando contrario sacó un arma de fuego y le apuntó, amenazándole con disparar. "...Fue la última vez que participé en una bronca; si no me disparó, es que la vida me dio una segunda oportunidad", me contó con un suspiro de alivio y agradecimiento. Movía la cabeza de un lado a otro como si quisiera olvidar hasta dónde lo había llevado la violencia.

La postura del cuerpo, la forma de hablar, el estilo de comunicación de Marco es imperativo; su tono de voz es fuerte, aunque no grita. Nicolás se expresa de la misma manera. Ya se dijo que los padres son quienes modelan el comportamiento que luego es replicado por los hijos. Los niños y adolescentes son un espejo en el que se reflejan nuestro sistema de creencias, nuestras percepciones acerca del mundo; los hábitos, expectativas y actitudes que tenemos ante la vida; las formas de expresarnos, de actuar y reaccionar, de decir lo que sentimos y pensamos, de relacionarnos con los demás. Nuestros hijos nos reflejan de varias maneras.

La familia es el primer lugar en donde hay que ir a buscar las razones que expliquen los comportamientos inadecuados de los niños y adolescentes, haciéndose dos preguntas: ¿De quién aprendió? y ¿de qué manera ocurrió ese aprendizaje?

Si bien ese no era el comportamiento habitual de Marco, el episodio que presenció Nicolás fue un hecho traumático, con dos elementos importantes:

1. La validación del comportamiento violento del padre que fue alentado por los indignados curiosos para que siguiera golpeando al sujeto; y

2. El silencio que rodeó posteriormente el hecho.

Reconocer los errores para enseñar a los hijos

Como padres se suele pensar que es necesario mostrarse ante los hijos como si hubiésemos tenido siempre una "conducta intachable". Es común pretender borrar el comportamiento del pasado o del presente, que quizá nos avergüenza o al menos no nos llena de orgullo, y mantenerlo en "secreto". Pero compartir las experiencias que hemos vivido y de las que sacamos un aprendizaje importante para la vida es tremendamente positivo, porque nos humaniza ante ellos. El reconocimiento del "error" cometido es liberador cuando se plantea la "verdad" desde un plano de resiliencia, dándole un significado que aporte a la educación de nuestros pequeños.

No resulta fácil hablar de algo desagradable, sin embargo, conviene acudir a la palabra para facilitar la expresión propia (cuánto alivio nos da sacar lo que duele, molesta o preocupa) y es indispensable propiciar a que el niño exprese lo que siente en situaciones así, para desatar el "nudo emocional" que se produce y que luego buscará salir de alguna manera.

Afrontarlo es mejor que acudir al clásico: "No pasó nada", muy utilizado ante circunstancias de dolor, llanto o sufrimiento. El niño se cae y le duele. La madre le dice: "No pasó nada". Al escuchar esto desde pequeños vamos perdiendo, poco a poco, la confianza en lo que vemos y en lo que sentimos, así empezamos a dudar de los sentimientos y le creemos más a lo que dicen los otros que a nosotros mismos. En su lugar se puede decir: "Te caíste y cuando uno se golpea así duele. ¿Te duele mucho?". El reconocimiento del dolor que se experimenta suele producir consuelo. En eso consiste la empatía.

No importa si, como en este caso, se trata de una situación ya pasada. Siempre se puede recuperar de la memoria los hechos dolorosos para sanarlos, diciendo, por ejemplo: "Hace tiempo ocurrió tal cosa... ¿lo recuerdas?. Yo recuerdo que estabas llorando y gritando, debes haberte asustado mucho al ver a papá golpeando así a ese hombre...". Y luego: "Eso no estuvo bien, tuve mucha ira, que no pude controlar, pero reconozco que no fue correcto...".

Hablar de lo que molesta para sanar

Marco y Soledad se animaron a hablar del suceso con Nicolás y el padre reconoció los riesgos del comportamiento violento y lo terrible que es ser identificado como agresor.

"Una vez me encontré con un compañero de colegio, en una reunión de trabajo, cuando ya éramos adultos, profesionales. Al verme se puso muy nervioso, me esquivó la mirada, no quiso saludarme. Yo me acerqué y le pregunté por qué. Me recordó que yo le había molestado mucho y que le pegué una vez. Eso me produjo una enorme vergüenza y culpa. Le pedí que me perdonara".

Por otro lado, adoptaron como norma familiar que Marco no lleve trabajo a la casa y que lo comunique cuando sea indispensable. Organizaron la rutina de la noche para Nicolás con baño, comida, oraciones y lectura de un cuento antes de dormir. Esto, por turnos, es decir un día mamá y otro día papá. Empezaron a jugar, a conversar con Nicolás y a hacer más actividades de recreación fuera de las pantallas.

Soledad, que estaba tan volcada a la hija menor, empezó a escuchar más al niño y se instauró "el tiempo de Nicolás", en el que durante media hora mamá se dedica únicamente a compartir con su hijo, mientras la hermana pequeña se dedica a otras actividades con la instrucción de no interrumpir porque "es el tiempo del hermano". El padre lo invita ocasionalmente a hacer "cosas de varones" durante el fin de semana, lo que incluye practicar fútbol, llevar el automóvil a lavar, ir a la piscina, etc.

En cuanto a los videojuegos, Nicolás dispone de 30 minutos para el iPad, día de por medio. Su comportamiento agresivo en el colegio ha remitido.

En resumen, los videojuegos:

- Son altamente adictivos.
- No son los causantes de los comportamientos violentos de los niños y adolescentes, sin embargo, exacerban la ira.
- Estimulan el comportamiento agresivo, de quien en la vida real se asume como el más fuerte.
- Permiten descargar y sublimar la frustración de quien se asume como víctima en el mundo real.

- Son una puerta de evasión de una realidad que puede ser frustrante.

- Su poder adictivo está en las ganancias emocionales que reportan para el jugador, tanto porque facilitan la expresión de la ira desde la posición del más fuerte, como por la sensación de logro que compensa la desventaja en que se encuentra quien se ve como débil, en el mundo real.

- Las razones de la violencia hay que buscarlas en la familia.

- La violencia es un comportamiento que se aprende.

- Esos aprendizajes se presentan en el entorno familiar.

- Los padres son los modelos de comportamiento de los niños, niñas y adolescentes.

- Las palabras de desvalorización perjudican el desarrollo de la autoconfianza y la autoestima de los niños.

- La recuperación de la autoestima depende del respeto y la confianza que los adultos otorguen a los pequeños.

- El hablar de las cosas que consideramos negativas de nuestro comportamiento hace que nos humanicemos ante los hijos y ayuda a liberar las emociones que se comprimen ante una situación difícil.

Para prevenir la adicción a los videojuegos:

- Tenga en cuenta la información que viene en las cajas de videojuegos acerca del contenido y la edad mínima permitida.

- Limite el tiempo de consumo de videojuegos a un máximo de 30 minutos, día de por medio, en niños de 5 a 10 años; y de 60 minutos diarios (día de por medio), en los de 11 a 18 años.

- Considere que antes de los 5 años los pequeños no deberían tener acceso a videojuegos ni a las pantallas táctiles, a fin de que desarrollen naturalmente las habilidades que a esa edad les son propias, como la motricidad fina, el lenguaje y el sentido de la realidad frente a la fantasía.
- Mantenga las consolas de videojuegos y los computadores en un espacio común de la casa, de manera que los padres tengan fácil acceso y puedan observar qué, cómo, cuándo y con quien juegan sus hijos.
- Juegue los videojuegos con ellos; fije una "noche de videojuegos en familia".
- Si alguien le regala un videojuego a su hijo, asegúrese de "filtrarlo" y decida usted sobre la conveniencia de que lo utilice o no.
- Favorezca, estimule y propicie las actividades artísticas y al aire libre, para que el niño pueda nutrir su creatividad y experiencia directa con el mundo, y descargar su energía (deportes, juegos, caminatas, paseos, carreras, etc.).
- Promueva y ejercite la habilidad de hablar y escuchar.

CAPÍTULO 2

ADICCIÓN
AL TELÉFONO INTELIGENTE

El *phubbing*[17]

El término viene de la unión de *phone*: teléfono y *snubbing*: desairar, y la conducta consiste en el acto de desdeñar a una persona en la vida real, ya sea en un entorno íntimo o social, por prestarle atención al teléfono celular.

A casi nadie le llama la atención ver a la gente conectada constantemente a sus teléfonos celulares, aunque sigue siendo desagradable y de mal gusto, especialmente cuando se intenta mantener una conversación o compartir un café o una comida. Es frecuente observar grupos de amigos y familias enteras, en las más diversas situaciones y lugares, sin

---

[17] Alex Haigh, un joven australiano de 23 años, acuñó el término y creó un movimiento *anti-phubbing* para concienciar a las personas de los efectos del *phubbing* en las relaciones interpersonales.

cruzarse palabra entre ellos, pero pendientes constantemente del correo electrónico y de los mensajes de texto, contestando llamadas, jugando *Candy Crush,* dedicados a actualizar su estado en las redes sociales, sin que parezca importar que por eso se interrumpen las conversaciones de las comidas, las salidas de paseo e incluso las reuniones sociales.

Las personas se instalan (nos instalamos) en un mundo propio, el mundo creado en el teléfono celular. Las facilidades que ofrecen los maravillosos *smartphones* están significando una serie de dificultades relaciones, pues captan toda la atención de quien los usa porque son llevados a los espacios más íntimos: la cama, la mesa, el baño, etc. Comentan qué hacen, piensan o sienten en las redes sociales a un montón de contactos —la mayoría desconocidos—, y se olvidan muchas veces de quien tienen al frente o a su lado. Cuando desplazamos a las personas de carne y hueso por prestarle atención al teléfono, nos convertimos en *phubbers.*

Pero, además, el teléfono celular está reemplazando la experiencia vital en vivo. Por ejemplo, en un concierto se deja de sentir, escuchar, percibir, oler directamente lo que pasa en el ambiente, con tal de registrarlo con la grabadora; son los ojos y los dedos a través del lente de la cámara y la pantalla táctil los que median la experiencia.

Asimismo, la constante inquietud por revisar el teléfono celular es ya un hábito que parece venir del "miedo de perderse algo" y ser excluidos, por desconocer lo que los demás conocen. Y aunque lo que uno realmente termina perdiéndose son las experiencias cotidianas con todos los sentidos puestos a su servicio, la fuerza del hábito genera dificultades para prescindir de la emoción (dopamina) que produce encontrarse con "novedades" en el WhatsApp, Facebook o Instagram, o los *likes* y comentarios de los amigos y contactos sobre lo que hemos "posteado". Lo que ocurre en realidad es que se establece una relación con el aparato que termina convirtiéndose —como con todo artefacto tecnológico— en una extensión del ser humano, a riesgo de perder las relaciones con las personas más significativas de la vida.

El *cutting*

Se observa en adolescentes y jóvenes, especialmente mujeres, y consiste en causarse daño (cortarse) a fin de sustituir por dolor físico el dolor emocional que les generan las situaciones de conflicto familiar, el maltrato, el acoso o el abuso que viven.

Puede ser tomado a la ligera y pensar que es "por llamar la atención" o como parte de una moda, pero en realidad es la manera en la que los jóvenes intentan expresar cómo se sienten y pedir ayuda. Es un grito de auxilio.

El caso que se presenta a continuación contiene estos dos elementos: *phubbing* y *cutting*.

El caso de Ana Paula
14 años
Del phubbing al cutting

"Estuve a punto de lanzarme por la ventana desde el quinto piso en el momento en que mi mamá me quitó el celular".

Ana Paula, 14 años. Llegó a consulta porque después de una pelea con su madre, que la castigó quitándole el celular, se lastimó un brazo, rasgándose la piel insistentemente con la punta de un lapicero metálico, hasta sangrar. Los profesores del colegio se quejaban de que hablaba demasiado, no se concentraba en clases y se le veía nerviosa. Sus padres creían que todo esto se debía a que era "adicta al teléfono celular".

"No puede vivir sin el celular", decía la madre. "Amanece chateando con las amigas. Ese día la sorprendí a las dos de la mañana hablando con la mejor amiga, le quité el teléfono y le dije que no se lo iba a entregar en quince días. ¿De qué pueden hablar dos chicas de 13 años a las dos de la mañana...?".

Ana Paula sentía tanta ira cuando la privaban del celular que le resultaba muy difícil controlar sus reacciones. Generalmente gritaba, lloraba y protestaba mientras se golpeaba a sí misma en las piernas y en la cabeza o se mordía las manos.

"Los papás de la Lore se pelearon (...). La mamá botó de la casa al papá y yo la estaba consolando. Mi mamá entró en mi cuarto y me quitó el fono, sin dejar que me despidiera al menos. Sentí tanta rabia que me fui hasta la ventana para lanzarme de ahí, pero me detuve al ver el suelo. Por eso, para calmarme, me corté...".

Mientras más enojada se sentía, más buscaba hacerse daño. Se arrancaba el pelo, se lastimaba los dedos, quitándose a tirones las cutículas, se pellizcaba la cara. Otras veces se golpeaba en las piernas o en la cabeza. Esa vez sintió que había llegado demasiado lejos, pero insistía en que lo que vivía era injusto y estaba dispuesta a repetirlo.

"Es verdad que eran las dos de la mañana y que no está bien hablar a esa hora. Pero un amigo tiene que estar en las buenas y en las malas. Cuando yo he estado mal, la Lore siempre me ha contestado, y hemos hablado a la hora que sea. Algo que yo jamás he podido hacer con mis papás. Y por lo que hizo mi mamá, yo le fallé. ¡Mi mamá no pensó ni un instante al menos en preguntarme qué estaba haciendo...! ¿Y si la Lore dejaba de ser mi amiga porque no le respondí y me fui sin decir ni chao? Mi mamá no tiene derecho de hacer eso".

El teléfono: un medio de conexión afectiva

Ana Paula no podía imaginar la idea de perder a su amiga con quien compartía una amistad que se fortalecía en la disponibilidad y la reciprocidad. Consideraba injusto que su madre no se hubiera interesado al menos en preguntar por qué chateaba a esas horas por el celular, cuando para ella esa conversación era un asunto de vida o muerte, porque tenía que ver con la lealtad de la amistad.

Al cambiarse de colegio, después de haber perdido un año escolar, Lorena fue la primera que la acogió. Por eso, sentía un profundo miedo de perder su amistad. Creía que ella era la única persona con la que podía hablar. Sin el teléfono celular, Ana Paula se quedaba sin contacto con su mejor amiga y sin la posibilidad de desahogarse, de hablar del dolor rabioso que tenía acumulado.

"Le he contado todo lo que me pasa, mis penas y todas las broncas que tengo con mis papás y ella también a mí (…) Mis papás ¡jamás!, ¡nunca!, van a entender nada de mí! ¡En las cosas más chiquitas me molestan!". "¿Puedes creer que mi papá se enoja porque busco las palabras en el diccionario de Internet?", me preguntó, abriendo los ojos y la boca, incrédula. "Me dice que soy vaga, porque él quiere que vaya al libro enorme en lugar de buscar en el celular y ¡me obliga a entregarle el teléfono si no le obedezco!". Mientras hablaba, apretaba los dientes y se le escurrían las lágrimas por las mejillas, incendiadas de la furia.

El abandono y la injusticia que se experimenta en la familia

En cada comportamiento inadecuado de Ana Paula, sus padres acudían a la fórmula de "quitarle lo que más le gusta", tratando así de lograr que acatara sus órdenes, que cumpliera obligaciones y tuviera una buena relación con su hermano menor. "Pero no sirve de nada, sigue mal en el colegio y cada vez se porta peor con el hermano", se lamentaba la madre. "Yo le he dicho que le voy a quitar definitivamente el teléfono si sigue así", advertía el padre.

El hermano de Ana Paula, Martín, nació cuando ella tenía 7 años y los padres se volcaron de inmediato en el más pequeño. Ahora, ella no quería saber nada él. Estaba muy enojada con su hermano y muy resentida con sus padres porque cuando se peleaban actuaban de jueces y le decían a ella, invariablemente: "Entiende a tu hermano, él es más chiquito, tú eres la mayor. Y te quedas sin celular hasta que aprendas a respetarlo". Eso podía ser unas horas o un par de días.

Pero claro, siempre volvían a darse los conflictos entre hermanos y Ana Paula "no aprendía a respetar al chiquito", porque —aunque la privaran de su teléfono— sentía que era injusto que por ser la hermana mayor tuviera que aceptar y entender al pequeño, quien cobijado por ese discurso de sus padres hacía de las suyas y siempre salía bien librado. Además, interrogaba: "¿Qué relación tiene mi celular con mi hermano?".

Ana Paula se sentía sola y rechazada por sus padres. Desde luego que ellos la amaban, pero estaban muy molestos con su comportamiento inadecuado, que no lograban controlar, por lo que se mostraban distantes y poco comunicativos.

Su devoción hacia Martín, quien parecía "el hijo perfecto", por ser alegre, risueño, gracioso, sociable y buen estudiante, les había hecho perder de vista que, en los conflictos entre hermanos, el mayor no está obligado a ceder al abuso del menor. Hay que educarlo para que respete, porque con la coartada de "es que es chiquito…", los padres de Ana Paula habían permitido que Martín la irrespetara.

Entraba a la habitación de la hermana, hurgaba en sus cosas, rayaba sus cuadernos, rompía regalos que ella apreciaba. Y si le reclamaba, el "chiquito" le gritaba o le daba manotazos y patadas. Cuando Ana Paula se quejaba, los padres con una media sonrisa, decían: "Ahh, pero qué diablillo eres Martín, eso no se hace". Les causaba gracia que fuera tan hábil verbalmente y desestimaban su irrespeto.

Ante los llamados de atención de los padres, Martín daba explicaciones haciendo bromas o usando un lenguaje que lo hacía parecer ingenioso: "... Es que pensé que podría encontrar entre sus cosas algún elemento sospechoso que sirviera para nuestro próximo viaje a Plutón", o "Entiéndelo, ñaña[18], un ratón es antihigiénico y no es el mejor amigo del hombre" (eso dijo cuando abrió la jaula de la mascota que tanto quería Ana Paula y desapareció para siempre).

Ante esas respuestas, los padres sonreían y perdían la fuerza para reclamar a Martín. "Entiéndelo y discúlpale porque es solo un niño, tú eres la hermana mayor, y también eras traviesa cuando tenías su edad".

Le pedían paciencia a Ana Paula y que aceptara el comportamiento de su hermano, en lugar de enseñarle a Martín a respetar sus espacios y sus cosas. Y cuando peleaban, Ana Paula le daba un golpe que le causaba daño, y el pequeño lloraba a voz en cuello, ante lo que los padres, enojadísimos, la recriminaban: "Pero qué mala eres con tu hermano, qué corazón tienes. Eres una abusiva, tú eres la mayor y tienes que cuidarlo, no pegarle. Te vamos a quitar el celular".

Ana Paula experimentaba una sensación dolorosa de abandono e injusticia y la convicción de que su hermano era el preferido. Se sentía celosa. Su frustración y enojo aumentaban cada vez que sus padres decidían quitarle el celular (su fuente de desahogo) cuando protestaba por algo que creía injusto.

---

[18]   *Ñaña*: hermana en quechua, lengua de los indígenas que habitan en el Ecuador, pero es de uso común en toda la población.

WhatsApp: alivia la soledad y la necesidad de contacto

Los padres pensaban que los estados emocionales de su hija se debían a la dependencia al teléfono, pero en realidad, Ana Paula "dependía" del alivio que experimentaba al sentirse escuchada (leída en los mensajes de texto y de WhatsApp) por su amiga, que estaba al otro lado del aparato. Y al recibir la respuesta inmediata a sus mensajes, sentía que era importante para alguien.

Ana Paula encontraba refugio con quien había logrado desarrollar un vínculo de afecto. Además de simpatizar, se identificaban entre sí al compartir los conflictos de sus respectivas familias, y luego del desahogo se distraían hablando de otras cosas que las hacían reír. Su teléfono le permitía saber que contaba con alguien, recibir consuelo, sentirse comprendida y olvidarse de lo malo.

¿Acaso no es eso lo que buscamos todos los seres humanos en algún momento de la vida? ¿Cómo iba Ana Paula a perder esa conexión? No es del aparato de lo que Ana Paula "dependía" sino de la "conexión emocional" que tenía con su amiga. Y de la fuerza del hábito que se le había creado desde que obtuvo su *smartphone*, a los 12 años.

El teléfono celular y el chat nos permiten estar en contacto permanente con "todo el mundo". Pero estamos pendientes de él cuando tenemos una relación significativa, por eso es "adictivo", porque satisface una necesidad. En el caso de Ana Paula, la necesidad de aceptación, de comunicación, de saber que contaba con alguien y que era importante para alguien.

Acuerdos, justicia y coherencia para educar

Después de que Ana Paula se lastimó, su padre decidió comprarle un nuevo teléfono celular, más actualizado. "Yo trato de darles todo lo mejor a mis hijos, pero debo reconocer que a veces soy muy blando. Le di la nueva versión para que se calmara un poco y dejara de pelear con la mamá; no me gusta verle triste".

Los padres de Ana Paula no habían logrado ponerse de acuerdo en la disciplina de los hijos. La madre era vista como "la bruja" de la casa porque intentaba poner límites. Y el papá era "el bueno", que le decía a su esposa frente a los hijos: "¡Pero mujer!, ¿por qué no les das gusto…? ¡No seas tan dura!". Lo mismo ocurría cuando la madre intentaba controlar el uso del teléfono o quería que sus hijos comieran algo más sano que la comida chatarra que el padre adoraba. Sin embargo, cuando llegaban los reportes del colegio y las calificaciones reflejaban el bajo rendimiento de Ana Paula, el padre culpaba a la tecnología: "Eso es por el bendito teléfono…".

La división de criterios es uno de los puntos de conflicto más comunes en las parejas y esos desacuerdos producen confusión, culpa y ganancias negativas para los chicos. Su padre le había dado a Ana Paula un mensaje de doble vía, confuso: "No te hagas daño cuando te quite el celular, pero si te haces daño te voy a dar uno nuevo y mejor".

Los padres de Ana Paula se perdían en discusiones en las que aducían que cada uno tenía la razón y dejaban de ver que su hija se sentía sola, sufría y se había hecho daño en el brazo para tratar de ser escuchada.

"Ana Paula no quiere salir de la casa; cuando vamos al supermercado o al parque pasa todo el tiempo revisando el teléfono. Y en la mesa hace lo mismo, no puede dejar de ver el bendito teléfono, por eso se lo quitamos, pero luego ruega y suplica y terminamos cediendo".

Cedían, en parte porque el papá y la mamá también se mantenían todo el tiempo pendientes de sus teléfonos celulares, no tenían acuerdo entre ellos acerca de las normas y al ceder perdían la poca credibilidad que tenían ante su hija.

Entender los síntomas como un llamado de atención

"Unas amigas del colegio me dieron la página en donde se ve cómo hacerse *cutting*, yo no tengo Internet en la casa todo el tiempo, pero donde mi amiga sí hay, y ahí vi. Al principio tuve miedo y no pensé en hacerme daño directamente, pero tengo tantas iras cuando quiero explicarles algo y no me oyen, que ya no me importa nada".

"Mis papás son muy injustos porque ellos sí pueden tener el teléfono todo el tiempo, pero a mí me lo quitan por todo, especialmente cuando me peleo con mi hermano".

La coherencia y el sentido de la justicia es algo fundamental para los niños y adolescentes, y se lo reclaman a sus padres. Si no se sienten tomados en cuenta o creen que son tratados de forma injusta buscarán repetir el comportamiento inadecuado hasta que los padres se percaten de lo que dicen.

La irritabilidad, el enojo, los gritos mediante los cuales piden ser escuchados, las bajas calificaciones y la constante conexión al celular —el *phubbing*— son síntomas de que algo no está bien en la familia y los hijos lo manifiestan. Los padres deben prestar atención y entender que la responsabilidad de resolverlo está en sus manos.

El enojo de Ana Paula estaba acompañado de un tremendo miedo de ser rechazada; esas emociones eran tan intensas que no sabía cómo manejarlas, pero fueron cediendo al trabajar directamente sobre ellas[19], a medida que pudo expresar lo que sentía y cuando sus padres tomaron en serio la situación y empezaron a actuar.

Resolvieron sus resentimientos de pareja, lo que les permitió ponerse de acuerdo sobre las normas en la familia; fijaron límites claros para Martín; generaron espacios de distracción entre todos y también salidas de tiempo exclusivo con Ana Paula, tanto con la mamá como con el papá.

Ana Paula no repitió el *cutting*, y la familia se entrenó para comunicarse adecuadamente.

PARA PREVENIR LA ADICCIÓN
A LOS TELÉFONOS CELULARES

- Empiece por usted. Modele el comportamiento que quiere enseñarles.
- Apague el teléfono al llegar a la casa y concéntrese en la vida familiar.
- Disponga de un lugar específico en la casa donde se coloquen los celulares antes de sentarse a comer o instituya, como norma, que nadie se siente a la mesa con el teléfono.
- Deje el teléfono celular fuera de la cama. Al igual que el televisor no debe estar en la habitación, el teléfono no puede estar en la almohada. Apáguelo para dormir. Las emergencias que quisiéramos atender solo involucran a alguien muy cercano y, si es así, puede llamar al teléfono convencional de la casa.
- Use los teléfonos durante el día, y durante la noche déjenlos (los suyos y los de sus hijos) en un lugar para recargar la batería, preferible en su habitación. Los to-

---

[19]   Se utilizó EFT (Emotional Freedom Techniques), una sorprendente y eficaz técnica para la liberación y manejo de las emociones.

man de nuevo antes de salir de la casa, no apenas abran los ojos. Trátelos como lo que son: una herramienta.

- Preste atención a las personas que le hablan "en vivo y en directo" antes que a su teléfono y a quien lo contacta por este medio. Priorice.

- Postergue las respuestas a los mensajes de texto o los que le llegan al WhatsApp, si eso interrumpe alguna actividad de trabajo o estudio, y más si está en una comida, una reunión familiar o de amigos, a menos que se trate de alguna emergencia que comprometa la salud o la vida de alguien importante. Todo lo demás puede esperar.

- Si se trata de algo relevante, pida permiso antes de empezar a chatear y envíe un mensaje breve para indicar que no puede atender en ese momento o haga una llamada que toma menos tiempo que escribir.

- Cuéntenles a sus contactos frecuentes que no acostumbra responder de inmediato y que no contesta después de cierta hora. Pónganse de acuerdo.

- Apague el teléfono cuando vayan de paseo, a una reunión social, a un concierto, al cine o al teatro, para que disfrute del momento y deje de estar pendiente del teléfono. Todo puede esperar.

- Advierta a sus hijos que al salir de la casa deberán tener el teléfono encendido y contestar cuando los padres llamen. Es necesario que la batería sea de larga duración.

- Anímese a pasar sin teléfono celular durante las vacaciones y el fin de semana completo. Póngalo frente a usted y pregúntese: ¿quién es el dueño de quién?

- Enseñe a sus hijos todo lo anterior modelando usted primero ese comportamiento; si sus hijos ven que lo practican, aceptarán las normas establecidas.

Para prevenir que sus hijos
participen del *CUTTING*

- Atienda de inmediato a su hijo si ve que se lastima o se hace daño. En el caso de Ana Paula no existía más que lo descrito, pero en otros casos puede ser un síntoma de abuso sexual.

- Préstele atención siempre, propicie espacios de diálogo y expresión de los sentimientos. Aprenda a escuchar.

- No minimice la ira y el enojo de sus hijos pensando que se trata de "cuestiones de la adolescencia", explore el origen y manténgase abierto a escuchar las razones.

- Entienda estas conductas como un llamado de auxilio, pero también como una forma "generosa" mediante la cual su hijo está haciendo un llamado de atención sobre las cosas que no están funcionando adecuadamente en la familia.

- Anímese a resolverlo, buscando ayuda profesional si es necesario.

CAPÍTULO
3

INTERNET Y LAS REDES SOCIALES

¿Cómo influyen en el comportamiento sexual de los adolescentes?

La sociedad erotizada

La era digital tiene como contexto la sociedad de consumo, que desde sus inicios viene apelando al sexo como vehículo para captar compradores y vender productos. En ese afán, la imagen de la mujer ha sido utilizada —de forma burda o sutil—, en una fórmula que sigue funcionando y es replicada por la publicidad, y que está presente en todos los medios de comunicación tradicionales y no tradicionales: radio, televisión, impresos, vallas, salas de cine, autobuses, Internet, etc.

No importa de qué producto se trate. Da lo mismo si es depilación definitiva, ropa interior, automóviles, perfumería o una llanta de camión. El mensaje permanente sugiere que el sexo y el poder son la fuente de máxima felicidad, e invita a hombres y mujeres a ser bellos, jóvenes y sensuales, tres requisitos indispensables —según los mensajes de la sociedad erotizada— para ser deseados, tener sexo y ser felices.

La publicidad ha creado un modelo masculino, asociado a la imagen del hombre fuerte, seductor, musculoso, con éxito y poder económico, eficiente proveedor y tomador de las grandes decisiones, y un modelo femenino que oscila entre la imagen de la mujer dedicada al cuidado del hogar, los hijos, la alimentación, la limpieza de la casa y la ropa; la de la mujer fuerte, decidida, emprendedora, que triunfa en el trabajo y los negocios; y la que más nos importa para los fines del tema que se analiza: la mujer de "belleza perfecta", asociada a la delgadez, los senos grandes, la cintura pequeña, la mirada seductora y los labios carnosos.

El encuentro de los hombres y mujeres generados por la industria de la publicidad promete (secretamente) sacar chispas del agua, por las altas dosis de placer sexual y satisfacción que esos cuerpos bellos y bien dotados son capaces de experimentar. Esta promesa es la que subyace en una enorme cantidad de mensajes publicitarios, pero también está presente en programas de televisión, telenovelas o películas, en los que, si bien aparece la imagen masculina, predomina la utilización de la imagen femenina: pechos y rostros, caderas, ojos y nalgas, labios y piernas de mujeres cumplen con la tarea de estimular "el deseo" de los espectadores.

Su vehículo principal ha sido y es la televisión, por su alto poder alienante. En un estado de relajación, casi hipnótico, el cerebro recibe cientos de miles de mensajes que apelan a la pulsión y, una vez abierta la compuerta del instinto, percibe con facilidad lo que hay que desear, comprar y tener —supuestamente— para ser feliz. Se estimula el ideal de las mujeres de ser bellas, seductoras y deseables, y el de los hombres de poseer sexualmente a esas bellezas y estar genitalmente bien dotados para satisfacerlas.

Este discurso es altamente evidente en Internet. Allí abundan los productos hechos para alcanzar la promesa del placer sexual, que parece resolverlo todo. La publicidad de Internet dirigida a los hombres ofrece múltiples formas de agrandar los músculos, alargar el pene y mantener la erección por más tiempo. Y a las mujeres les proporciona infinitas posibilidades de transformación estética para estar flacas, agrandar los senos, aumentar los labios y borrar las arrugas. Todo, para ser deseables. De esta forma la industria publicitaria satisface la necesidad humana de reconocimiento y valoración.

El mandato que impulsa la sociedad erotizada y el seductor mundo del espectáculo es: "Para ser feliz, hay que ser deseable, hay que ser deseado". Su obediencia se observa claramente en la cantidad de fotografías de mujeres adultas, jóvenes, adolescentes y niñas que inundan las redes sociales y derrochan sensualidad, imitando las poses más provocadoras de las *top models* y de las estrellas de la música y el cine.

Lo que preocupa es que la industria publicitaria viene disparando sus mensajes de "ser deseables" a mujeres cada vez más jóvenes. Las niñas lucen uñas pintadas, labios y ojos maquillados, incluso desde antes de los 2 años. Están inmersas en el mundo idílico de las "princesitas", estimuladas, impulsadas y, muchas veces, exigidas por sus madres. Cada vez aumentan los casos de anorexia a muy temprana edad (entre los 7 y los 9 años). Las pequeñas están pendientes de su cuerpo y de mantenerse delgadas.

Desde luego hay múltiples causas para que se desencadene la anorexia. No se puede culpar únicamente a la publicidad y a los medios, pero tenemos que reconocer su influencia al poner énfasis en la belleza "perfecta" y la promesa de la aceptación. Al no encajar en el patrón marcado habrá frustración y un rechazo de la propia imagen.

En medio del ensordecedor barullo de la publicidad y la industria del entretenimiento, las jóvenes han sido seducidas por las luces de colores, el sueño de la fama y el estímulo del elogio y el reconocimiento a su belleza. Muchas niñas y adolescentes han dejado de soñar con ser profesoras, azafatas o doctoras; prefieren ser modelos, cantantes o artistas. Anhelan con pertenecer a ese mundo, en el que la belleza es el valor primordial. Quieren llegar a ser "estrellas" y trabajar o al menos "aparecer" en alguna revista, en televisión o en cualquier pantalla.

Esto es algo realmente sencillo en la actualidad, pues basta con tomarse una foto y publicarla en Facebook o en cualquier otra red social. Las niñas, adolescentes y jóvenes muestran una sensualidad asimilada y aprendida a fuerza de recibir millones de estímulos visuales y auditivos a través de los medios de comunicación. Las fotografías tomadas con el celular frente al espejo del baño o en la habitación —los espacios más íntimos de la casa—, y publicadas luego en la portada de su perfil, reproducen el discurso erótico. Así se resuelve la necesidad de "mostrarse". Con cada *Like* o *Me gusta* el cerebro produce esa dosis placentera de dopamina.

Muchas páginas de las redes sociales —en especial aquellas diseñadas para el encuentro de personas que buscan pareja— son verdaderos catálogos de un supermercado de hombres y mujeres, jóvenes y adultos que buscan seducir al mejor estilo de la industria publicitaria. Para ello inventan historias de su vida, profesiones o actividades que están lejos de realizar. O se esconden detrás de las fotografías trabajadas en Photoshop para mejorar su aspecto. También están los suplantadores de identidades que usan imágenes de otras personas que lucen bien o son el estereotipo de lo que quisieran ser (*catfish*)[20].

Las mujeres mienten más acerca de cómo se ven; los hombres, en cambio, sobre sus posesiones materiales. La intención es "parecer" que se ES o se TIENE el cuerpo, la cara, los objetos, la dicha o la vida que en la realidad no se han logrado. Se trata de otra manera de evadir y exorcizar las frustraciones. Como ya vimos en los videojuegos, una característica de los escenarios virtuales recreativos, perfectamente visible en las redes sociales, es la de "ayudar" a evadirse de la realidad insoportable.

De su lado, la industria de la música ha colocado en el pedestal a las diosas sensuales del momento, creando todo un universo *pop,* donde el valor no tiene que ver solamente con la calidad musical e interpretativa, sino con la espectacularidad del escenario y la incorporación de un baile cada vez más sensual. Ritmos como el *reguetón* han llevado a la pista de baile la emulación del acto sexual. Niñas, niños y adolescentes aprenden a moverse con esa carga erótica desde las más tiernas edades. Imitan movimientos sexuales y exhiben su agilidad pélvica con orgullo en las fiestas colegiales y familiares, a vista y paciencia de padres y maestros que no cuestionan, incluso aplauden, la repetición automática de un

---

[20]   Un *catfish*, pez gato o bagre, en Internet, es una persona que crea perfiles personales falsos en redes sociales, que pretende ser alguien diferente exteriormente, apelando a su verdadero yo, con fotos de otras personas e información biográfica falsa. Estos bagres, por lo general, tienen la intención de engañar a una o varias personas inocentes para que se enamoren de ellos. Este término se deriva del título de una película documental del 2010, en la que el cineasta Nev Schulman descubre que la mujer de 25 años con la que había estado llevando a cabo una relación en línea, era un bagre. A raíz de la cinta, su protagonista llegó a las pantallas del canal MTV con el programa Catfish: Mentiras en la Red (en inglés: Catfish: The TV show), en donde se presentan casos reales, en formato de docudrama, sobre las verdades y mentiras de las relaciones en línea.

comportamiento de imitación sexual y seducción, innecesario e inapropiado en el mundo infantil.

El mensaje erotizante —tan presente en los medios de comunicación y en la sociedad del espectáculo—, sin ser filtrado o cuestionado, ha dado frutos amargos, entre los que se puede identificar: la normalización del sexismo, el comportamiento seductor-sexual en niñas y adolescentes, y nuevas formas de violencia contra las mujeres en la Red.

1. La normalización del sexismo

El sexismo tiene que ver con la explotación de la imagen de la mujer y su utilización como objeto de seducción para captar audiencias y vender productos. La normalización, en cambio, alude a que un consumidor de medios —televidente, espectador, expuesto de forma permanente y sucesiva a un mismo mensaje y estímulo visual y/o auditivo, acepta las ideas, conceptos y acciones que ese mensaje conlleva como algo natural, normal y válido.

La influencia del mensaje y la normalización del sexismo se conjugan en la sociedad erotizada, y se reflejan, claramente, en la conducta seductora de niñas, adolescentes y jóvenes.

2. El comportamiento seductor

Ellas muestran un comportamiento seductor basado en la belleza. Seducen desde el "empaque", se relacionan como haciendo una promesa de placer sexual, desde la periferia del cuerpo, dejando de lado otros aspectos de su ser. Las chicas piden implantes de senos en lugar de fiestas de 15 años, y lipoescultura cuando consideran que están por fuera de los cánones aceptados. La falta de aceptación de sí mismas les lleva a vivir entre la angustia que les produce la idea de no ser bellas (según los estereotipos) y el temor de ser rechazadas, de no ser aceptadas.

Precisamente la necesidad de sentirse "deseables" para lograr aceptación es la que se evidencia en las redes sociales e Internet. Crece la rivalidad y una insana competencia por ser la más popular, la más bella, la más atrevida, la más sexy, la que más contactos sexuales suma. En definitiva, "la más deseada".

Entre las jóvenes hacen competencias para ver quien suma más *likes*. Cambian constantemente su foto de perfil de Facebook y si tienen menos "Me gusta" que la semana pasada, llegan a deprimirse y a odiarse, entrando así en un juego sin fin. Entonces se esfuerzan por ser más seductoras con tal de lograr esa aceptación, con consecuencias muchas veces insospechadas. Pero, el comportamiento seductor, tan estimulado en los medios, puede ser duramente sancionado en la Red.

3. Nuevas formas de violencia contra las mujeres en la Red

Aquel mandato dado a las mujeres: "Tienes que ser bella y deseable" y su obediencia no caminan solos en la sociedad erotizada contemporánea. Coexisten con los prejuicios y estereotipos propios de una sociedad machista, en la que la mujer históricamente ha sido y sigue siendo víctima de violencia física, sexual y psicológica.

Las estadísticas proporcionadas por ONU MUJERES en el 2013 muestran que a nivel global "un 35% de mujeres ha sufrido violencia física y/o sexual en el contexto de relaciones de pareja o violencia sexual fuera de relaciones de pareja. Sin embargo, algunos estudios nacionales de violencia muestran que hasta un 70% de mujeres sufre violencia física y/o sexual a lo largo de su vida, a manos de una pareja.

México	63%
Bolivia	52%
Perú	39%
Colombia	39%
Ecuador	31%

"En Ecuador, en los 10 primeros meses del 2013, se registraron 47 feminicidios (...). Estos casos 'son cada vez más crueles' y, en ocasiones, 'los cuerpos de las víctimas aparecen torturados, mutilados y con signos de violencia sexual'".[21]

El Secretario General de la ONU, Ban Ki-moon, dice: "Las causas de la violencia contra las mujeres se encuentran en la discriminación de género, las normas sociales y los estereotipos de género que la perpetúan (...) y la mejor manera de contrarrestar la violencia de género es prevenirla tratando sus orígenes y causas estructurales".

Los estereotipos de género —perpetuadores de la violencia contra las mujeres— son reforzados permanentemente a través de la publicidad y los medios de comunicación, y han dado como resultado nuevas formas de violencia de género, a través de Internet: *sexting*, *cyberbullying*, *sextorsión* y *grooming*.

El *sexting*

Proviene de la contracción de las palabras en inglés *sex*: sexo y *texting*: enviar mensajes de texto. Consiste en el envío de fotos o videos de contenido sexual. Es más común entre los adolescentes pero también es practicado por personas adultas. Se trata de material producido por ellos mismos, en el que exhiben sus cuerpos desnudos o partes de su cuerpo,

---

[21] Informe sobre Violencia de Género y Feminicidio, de la Comisión Ecuménica de Derechos Humanos (Cedhu), Ecuador, 2013.

incluyendo los genitales. También pueden mostrar actos sexuales de forma explícita o contactos sexuales.

Un estudio realizado entre más de 5000 personas en distintos países de Latinoamérica afirma que cerca del 40% de los consultados ha enviado contenido sexual de sí mismo o de otras personas en la Red, y el 66% afirma haber recibido este tipo de material[22].

Generalmente el envío de fotografías y filmaciones se hace voluntariamente o por insinuación de quien recibe el material. La persona que se fotografía o se filma a sí misma manda las imágenes por el teléfono celular o Internet como un regalo *sexy* para su pareja, como parte de sus juegos eróticos[23]. Se entiende que hay aceptación, pero su difusión en las redes puede darse sin consentimiento, ya sea para jugar una broma o por venganza.

El *cyberbullying*[24]: ciberacoso o acoso cibernético

Es una manera de amenazar, avergonzar, intimidar y criticar a una persona a través de los medios tecnológicos[25]. Puede ir desde algo tan simple como seguir enviando *mails* a alguien que ha expresado que no quiere estar en contacto

---

[22] "*Sexting* en Latinoamérica, una amenaza desconocida". Encuesta *online* desarrollada en colaboración por PantallasAmigas, eCGlobal Solutions, eCMetrics, eCLIPS–Instituto del Pensamiento, realizada entre el 25 de junio y el 28 de julio del 2012 mediante cuestionarios en línea dirigidos a mayores de 18 años, a través de la plataforma eCGlobalNet. Participaron 1956 personas en Brasil y 3538 en otros 13 países de América Latina: Argentina, Bolivia, Chile, Colombia, Costa Rica, Ecuador, México, Panamá, Paraguay, Perú, Puerto Rico, Uruguay y Venezuela.

[23] *Íbidem.*

[24] *Cyberbullying*: ciberacoso. Se le atribuye la creación del término a Bill Belsey, educador canadiense.

[25] Fuente: Martínez, Roberto. KasperskyLab. América Latina. Citado en el diario *El Comercio,* Quito: 30 de junio del 2013.

con el remitente, hasta incluir amenazas, connotaciones sexuales, insultos, burlas, etc. Suele ocurrir a través de mensajes de texto, en el correo electrónico o en las redes sociales.

La *sextorsión*

La palabra viene del inglés *sextortion,* entendida como una forma de explotación sexual, en la que una persona que compartió, a través de *sexting,* una imagen de sí misma desnuda, es chantajeada por otra a la que le llega esta imagen, porque se la envió en el contexto de una relación sentimental o porque el chantajista la consiguió por correo electrónico, *webcam* o cualquier otro medio.

Es la extorsión por sexo. El chantajista exige a la víctima mantener relaciones sexuales con él, grabar videos pornográficos o hacer otras cosas de carácter sexual ante la cámara. Y le advierte: "Si no haces lo que te digo, enviaré la foto en la que sales desnuda a toda tu red de amigos, a tu familia, a tu trabajo...".

La *sextorsión* es perpetrada por conocidos o desconocidos, por exparejas o examantes, a menores de edad o a adultos. La finalidad puede ser de explotación pornográfica para redes pedófilas y comerciales, para uso privado, para realizar una extorsión económica o cualquier otro tipo de coacción.

El *grooming*

Se puede traducir como "engatusamiento". Está considerado un delito sexual cibernético. Es un proceso en el que un adulto establece contacto con un niño, niña o adolescente, a través de Internet, haciéndose pasar por alguien de la misma edad. Poco a poco lo seduce, primero con palabras de afecto y luego con el envío de material de contenido sexual y pornográfico, hasta lograr que el menor se desnude, envíe fotos de carácter sexual o se masturbe frente a la cámara web. Una vez conseguido, el adulto chantajea a la víctima (*sextorsión*) para que le envíe más material pornográfico o acepte tener un encuentro real a fin de consumar el abuso sexual físico.

A continuación se exponen los casos de Camila, Lucía, Miguel y Sebastián, adolescentes de entre 13 y 19 años. Sus historias ilustran algunas formas de utilización de Internet y las redes sociales, asociadas a comportamientos sexuales de riesgo, violencia sexual digital y adicción.

El caso de Camila
13 años
Sexting y cyberbullying

"Es un juego tonto en realidad, pero a mí me hacía sentir bien… como importante, y en mi grupo me veían con respeto, con admiración por lo que lograba".

Camila pertenecía al grupo de las chicas más populares de su clase, de su colegio y de otros colegios. Es muy bella y luce mayor a su edad. Pasaba conectada a toda hora a su iPhone. Y en la casa se encerraba en su habitación para dedicarse por horas al Facebook. Recorría del "inicio" al "muro" de su página una y otra vez. Revisaba las páginas de sus "enemigas" para ver si habían puesto alguna foto nueva y verificar cómo iban los *likes* a su última foto publicada.

"Entre las más populares hacemos competencias, pero sin decir que estamos en competencia", explicó dibujando las comillas, en el aire, con los dedos. "Tienes que cambiar constantemente la foto del perfil y ver cuántos *likes* recoges en cada cambio. Si el número es inferior al de la semana anterior, debes esforzarte para superarlos y si no logras subir y estás por más de dos semanas abajo, es porque eres una *looser*".

"Nadie, nadie hasta que me pasó lo que me pasó había logrado tener tantos *likes* como yo. Eso me gustaba". Lo dijo entrecerrando los ojos, con un dejo de rebeldía y pena en la voz, como un gesto de amargo orgullo.

Camila llegó a mi consulta con un diagnóstico psiquiátrico de síndrome ansioso-depresivo, remitida por el colegio al que fue después de haber sido expulsada del anterior por "comportamientos inmorales". Así decía el informe.

Se sacaba fotografías todos los días para publicarlas en su biografía de Facebook. Había ido cambiando, paulatinamente, de una sonrisa abierta y espontánea, a otras con poses y miradas cada vez más atrevidas y seductoras.

"Al principio solo ponía fotos de los paseos o cosas especiales, después empecé a poner cada semana y, al final, todos los días". En la última que publicó se le veía mirando a la cámara, con las manos por debajo de los senos, levantándoselos, y con la boca simulando un beso, al estilo Marilyn Monroe. Camila tenía la increíble cantidad de 3828 contactos, cuando se estima que el usuario promedio de Facebook no tiene más de 140 amigos reales. Para llegar a esa cifra había enviado y aceptado solicitudes de amistad, sin la menor discriminación. La última fotografía que publicó en su perfil recibió cerca de 400 *likes*. La mayoría eran de jóvenes mayores que ella y de hombres adultos que no conocía.

"Me gustaba sentirme mayor. Sí hubo tipos, algunos viejos especialmente, y otros más jóvenes también, que me escribían diciéndome que les mandara fotos desnuda o cosas así, pero yo no caí, y todo bien, yo sabía que no tenía que hacer eso. El problema empezó cuando a la zorra de la Érika se le ocurrió ponerme un comentario en una foto: 'Eres una perra...'. Y luego más amigas siguieron: 'Eres una zorra...', 'Todos saben que eres una puta...'. Todo eso me llegaba al celular. Después, ese mismo día, el Andrés, que es mayor (tiene 16), puso en su muro el video de un día que estuvimos besándonos. Yo no sabía que nos habían filmado y me etiquetó en Facebook. Solo se veía que nos besábamos y que me besaba los pechos, pero nada más…". Su voz se vuelve infantil y hace un puchero, tratando de justificar la última parte del relato.

"El problema fue que justo en ese tiempo yo me había amarrado[26] con el Daniel, que es del mismo grupo. Y con ese video se corrió la voz de que yo lo había traicionado y ¡él lo vio! Me llamó y me dijo que no quería verme más, que él no había creído pero que sí soy una puta… Y, ya pues… hasta ahí llegó todo. Me acabaron en el Facebook y después en todo sitio al que iba se burlaban de mí. Yo me reía, como burlándome también, para que pensaran que no me importaba… Pero un día, ya con unos *shots*[27] adentro, me pegué con dos tipas en una discoteca; estaba harta. Y esa bronca también la grabaron con el celular. Como yo había cerrado mi *Face* por lo del video anterior, la mandaron por *mail* a todos mis amigos del colegio y llegó a otros colegios. De ahí, empezaron a mandarme mensajes de texto diciéndome de todo. Me decían: ¡Loca, anormal! Al principio yo no entendía, creía que era por el video de los besos con el Andrés, hasta que llegó a mi correo el video de la bronca. Después de eso le pedí a mi mamá que me cambiara de colegio porque me di cuenta que no tengo amigas verdaderas, nadie quería llevarse conmigo, todas me dieron la espalda, me huían. Tuve que contar todo, porque ya no aguantaba, y el colegio me botó. En el colegio nuevo todavía hay gente que me ve raro. Deben haber visto alguno de los vídeos. A veces cuando me suena el celular porque me llega algún mensaje todavía me sudan las manos. Me acuerdo cuando me decían: 'Qué cuentas, perrita…'. Te juro que quisiera desaparecer, ¡me quisiera morir!". Palideció y se le acentuaron las ojeras de la agitación que le producían el miedo, la culpa, la vergüenza y el arrepentimiento al recordar lo vivido.

De ser la que más gustaba, la "más popular", la supuestamente más aceptada, Camila pasó en cuestión de horas a ser la más rechazada y vapuleada. Llegó al nuevo colegio con el

---

26   Ennoviarse, enamorarse.
27   Tragos cortos.

rastro de su imagen destruida y le costó tiempo y esfuerzo sanar las lesiones emocionales que le dejó esa experiencia.

La historia de Camila reúne *ciberacoso* por sus fotos sensuales y *ciberacoso* derivado del *sexting*. Es frecuente que vayan de la mano. Aunque el *ciberacoso* puede tener múltiples formas que se explican más adelante.

La Generación Mírame: entre la falta de intimidad y la violencia digital

En el *ciberacoso* derivado del *sexting* hay dos componentes importantes: la violencia de género y la pérdida de la intimidad. El sentido de la intimidad y la privacidad se perdió con Internet. Todo se volvió público, y muchas veces —como en el caso de Camila— esa pérdida de privacidad puede tener consecuencias inimaginables.

A la hora de poner sus fotos, como toda adolescente, Camila no tuvo ni idea de lo que podía venirle encima. Es una de las características de la adolescencia. El sentido de ser todopoderoso y la idea inconsciente de "nada me va a pasar" son propios de esta etapa de la vida. La intención de Camila no era otra que la de sentirse reconocida, confirmar que su belleza agradaba a los demás. "Me gustaba ser tan popular y saber que lo que yo hacía le importaba a la gente".

La necesidad de reconocimiento es una necesidad humana. A todos nos complace sentirnos aceptados. La cuestión es de qué manera se gana la aceptación y qué características de nuestra personalidad son las que presentamos para que sean valoradas por los demás. ¿Es necesario llegar a una relación únicamente desde el cuerpo, como promesa de sensualidad, para lograr esa aceptación? No es lo mismo que la valoración sea únicamente por atributos físicos que por características relacionadas con el mundo interno e intelectual de las personas. Camila pertenece a la Generación Mírame[28], en la que adolescentes y jóvenes que han crecido con Facebook, Twitter y *realities* televisivos, en los que se exhibe públicamente la vida, milagros y tragedias de los adultos, tienen como valor principal la búsqueda de la popularidad y la fama, así como la ausencia del pudor.

De otro lado, a la hora del contacto sexual con Daniel, Camila no tenía ni idea de que la estaban filmando con el celular. Si bien el *sexting* se caracteriza por enviar voluntariamente fotos de cuerpos, filmaciones de desnudos e incluso videos de actos sexuales, en el caso de Camila —y en los de la gran mayoría de adolescentes que han pasado por esta situación— fue traicionada en la confianza por su joven pareja. Se viola el derecho a la privacidad: el acuerdo implícito de que las experiencias sexuales quedarán en el ámbito de la intimidad no se cumple.

El varón traiciona el acuerdo, pero a quien se violenta es a la mujer. Ella termina siendo el árbol del que todos hacen leña. En la grabación de Camila participaron con Andrés otros jóvenes y luego subieron el video a la Red, en donde se "viralizó"[29] por venganza. Pero nadie cuestionó la actuación de Andrés. Ni él ni sus cómplices fueron sancionados o expulsados del colegio. Camila sí.

"Con el Andrés 'vacilábamos'[30] a veces, pero no quise amarrarme, a mí me gustaba más el Daniel, es más guapo y dulce… El Andrés solo era un 'vacile' y cuando supo que

---

[28] *Look at me Generation*, denominación usada por Petula Dvorak, columnista de *The Washington Post*, en el artículo "Hunger for Fame at any Price", de Winnipegfreepress, de The Canadian Journalism Foundation.

[29] "Viralización": difusión veloz de los contenidos en las redes sociales por reenvío del material a los contactos de quienes los reciben.

[30] "Vacilar": en Ecuador, término que usan los jóvenes para referirse a los besos que se dan sin que exista entre ellos una relación de novios o enamorados.

me amarré con el Daniel me propuso que 'vaciláramos' por última vez...".

Como Camila había ido subiendo el tono sensual de sus fotos en Facebook, inconscientemente enviaba un mensaje de liberalidad sexual que era entendido por muchos como "disponibilidad". De allí que recibiera propuestas de hombres mayores, desconocidos a los que rechazó gracias al temor protector que se le activó naturalmente. Sin embargo, ante la propuesta de Andrés de "vacilar por última vez", picó el anzuelo y ya conocemos la historia.

Una foto sensual y el riesgo de quién la mira

Aunque la intención inicial de Camila era recibir reconocimiento a su belleza, pronto descubrió que mientras más sensual se mostraba en las fotos, más ganaba aceptación, y esa gratificación la estimuló a seguir. Pero, ¿para qué lo hacía? Muchas veces se juzga a las jóvenes como "adelantadas", "corrompidas", "locas", "ofrecidas", sin conocer las razones profundas que motivan su comportamiento.

¿Cómo así que Camila, con solo 13 años, tenía tantos amigos desconocidos en la red, publicaba fotografías sensuales, salía por las noches, bebía, se golpeaba con otras chicas y se había iniciado tan temprano en los juegos sexuales con Andrés? ¿Qué pasaba en su familia? ¿Qué pasaba con su educación sexual?

Sus padres vivían repitiéndole: "Deja ya de estar con ese aparato, deja ya de estar en el computador y en el teléfono, si sigues así te lo vamos a quitar". Nunca cumplieron la amenaza y tampoco vieron las fotos que Camila publicaba en su Facebook. La madre admitió jamás haber entrado a la página de su hija. Pero hay que hacerlo.

Como padres es nuestra responsabilidad educar a los hijos sobre el uso responsable de las nuevas tecnologías, sobre la conveniencia o no de las publicaciones y, más aún, sobre el carácter sexual o provocativo de las fotografías, porque un material que se hace público está sujeto al escrutinio de todo el que lo ve y "comunica" un mensaje que será interpretado por cada receptor según sus propios conceptos, valores, prejuicios, estereotipos y formas de entender la vida.

Publicar fotografías sensuales e insinuantes (algo tan común en las plataformas virtuales) es un comportamiento de riesgo para las adolescentes[31], pese a su aparente liberalidad sexual. De hecho, la puerta de entrada al juego de seducción con Andrés fueron esas imágenes; allí es cuando Camila se vuelve vulnerable.

"Me decía rica, sexy, bebé y que tenía ganas de besarme como en las fiestas y otras cosas... yo le seguía el juego...". El estímulo sexual era permanente en sus conversaciones. Eso la llevó a los juegos sexuales que llama "vaciles" y al *sexting*, al *ciberacoso*, el escarnio público, la expulsión del colegio y la depresión.

Más riesgos del *sexting*

Uno de los casos más conocidos de *sexting*, *cyberbullying* y *sextorsión* fue el de Amanda Todd, una chica canadiense, que durante dos años vivió la tortura de estos ataques y terminó suicidándose a los 15, dos días después de haber publicado en Internet un video en el que cuenta el sufrimiento que experimentó.

---

[31]   El 36% de las mujeres entre los 12 y los 18 años afirma haber sido acosadas sexualmente en la Red. Estudio realizado por PROEPS entre 700 estudiantes de centros educativos de Pichincha en el 2013.

Camila no vivió *sextorsión*, sino lo que la sexóloga estadounidense Laura Berman ha llamado *revengeporn*, es decir una "pornografía de venganza", cuyo efecto puede ser tan devastador que la experta utiliza el término "ciberviolación" para connotar la gravedad que implica para las víctimas y sus familias la difusión de *sexting* privado, pues se trata de una violación a la seguridad y privacidad de quienes lo sufren.

El *sexting* puede llevar a quienes lo practican, especialmente a las adolescentes, a pasar por situaciones graves como las descritas, pero también encierra otras amenazas. Se considera que los adolescentes que participan del *sexting* tienen 17 veces más riesgo de tener actividad sexual en la vida real, sin protección, y por ende estar más expuestos a la infecciones de transmisión sexual[32] y embarazos no deseados. Esto se explica porque la imagen produce un potente estímulo sexual, que insta a concretar el encuentro sexual personalmente, más pronto que tarde.

Pero los riesgos pueden ser mayores: las adolescentes están expuestas a las apetencias de adultos inescrupulosos que no respetan los límites de la infancia. Están ante los ojos atentos de explotadores sexuales que pueblan la Red. Y en su entorno más inmediato, son víctimas del juzgamiento inmisericorde de sus pares y de la violencia de sus posibles parejas, pues entran a la relación con una especie de letrero luminoso que las tilda de "chicas fáciles". Esa violencia de género, ahora digital, es lo que configuró el *ciberacoso* vivido por Camila.

---

[32] Estudio realizado en el 2012 por la Academia Americana de Pediatría, entre 1839 estudiantes de entre 12 y 18 años, la mayoría de ellos latinos o afroamericanos: "Sexually Explicit Cell Phone Messaging Associated with Sexual Risk among Adolescents".

La incomunicación familiar: entre aparatos y desacuerdos

"Mis papás siempre están ocupados. Hay veces en que los cuatro (papá, mamá, mi hermano mayor, de 17 años, y yo) nos sentamos en la sala de la televisión y cada uno está con su *laptop*, mi hermano con la *tablet*, yo con mi celular; ponemos una película pero no vemos nada, ni hablamos de nada. Yo entiendo que mis papás tienen que trabajar muchísimo, así es la vida, pero a ratos sí me gustaría que hagamos algo diferente. No quisiera que hablemos, eso no me gusta, ya no, porque estoy acostumbrada a estar sola, y sería raro. No quiero contarles nada de mí, no les importa y yo estoy bien así".

Los espacios de comunicación en esta familia eran prácticamente inexistentes. Cada uno sumido en su mundo, aunque parecían juntarse físicamente, se encontraban tan distantes a nivel emocional, que Camila había comprendido que el trabajo de sus padres era más importante que ella y sus cosas, y aprendió a callar. Para que un niño se anime a hablar tiene que saber que hay alguien dispuesto a escucharlo. Pasaba muchas horas sola en casa sin otro contacto que el que se había creado con sus "amigos" a través de Internet y de las redes sociales.

Esta es una de las grandes dificultades con las que los padres y madres se enfrentan en la actualidad. Largas jornadas de trabajo, mayores tiempos de desplazamiento, menos tiempo disponible para compartir en familia, los hijos solos o al cuidado de terceros, que han significado una reducción notable de los tiempos compartidos en familia y sobre todo "la pérdida de la palabra". Las familias casi no hablan o hablan poco. Quizá mencionan hechos o cosas que pasan en el mundo (fútbol, farándula o lo que le ocurrirá a la heroína de la telenovela), pero difícilmente hablan de lo que se siente y de cómo uno se siente.

Es verdad que la incomunicación familiar no es un fenómeno nuevo. El lenguaje, al ser de las habilidades de más reciente adquisición del ser humano, todavía precisa especializarse, depurarse, reaprenderse. De todas formas, a las ya débiles prácticas comunicacionales, la incorporación de las TIC significa cada vez menos tiempo, ánimo y creatividad para compartir momentos de esparcimiento, juegos, paseos al aire libre, música, lecturas en familia. Y por supuesto, este comportamiento empieza por los adultos. Papá y mamá, conectados al celular y a sus múltiples pantallas, muchas veces pierden conexión consigo mismos, entre ellos y con sus hijos.

La madre de Camila dijo en una sesión: "Le he dicho mil veces que está muy chica para andar de farra y metida en el computador todo el día, pero nadie me oye en esta casa. Yo no tengo tiempo para el Facebook, ¡ni siquiera tengo Facebook!".

"No tienes Facebook pero siempre estás chateando en el WhatsApp con tus amigas. Y tú también papá, te pasas horas en el Facebook, aunque dices que estás trabajando", les reprochaba Camila a sus padres, con gran enojo.

Su papá admitió que él autorizó que tuviera el computador en su habitación y que chocaba con su esposa cuando se trataba de los permisos para salir de fiesta con los amigos, por las noches, durante el fin de semana. Tal como ocurría en el caso de Ana Paula, no había acuerdos sobre las normas que debían regir el comportamiento de su hija. Los padres de Camila discrepaban completamente acerca de cómo educarla sobre situaciones como el consumo de alcohol y drogas, las salidas y horarios de regreso a casa, la sexualidad y el uso de los aparatos tecnológicos.

La madre apostaba más por controlar los tiempos, postergar la edad, no permitir salidas nocturnas hasta los 15 años, llevar amigos a casa para conocerlos en la vida real y saber de las compañías que había elegido su hija. El padre, en cambio, acusaba a la esposa de "controladora". Decía: "Yo le he dejado salir porque prefería que ella esté en contacto con el mundo para que no le sorprenda nada y aprenda a manejar la libertad. Todos tenemos que pasar por tragos, sexo, a veces drogas, para aprender...".

Enseñar los límites de la libertad

Si bien dicen que "la experiencia crea ciencia", no necesariamente hay que pasar por situaciones tan duras como las que vivió Camila para aprender a cuidarse. Ni el hecho de que como padres hayamos pasado "por todo" quiere decir que nuestros hijos estén condenados a repetir automáticamente esas experiencias. No hace falta que nuestros hijos repitan nuestras historias, ellos tienen derecho a vivir las suyas. Tienen derecho a cometer sus propios errores.

Por eso, conviene estar conscientes de nuestra historia y de los aprendizajes que nos dejaron las situaciones difíciles. Esa experiencia tendría que servirnos para que nuestros hijos dispongan de la valiosísima información que nosotros no tuvimos, y que a ellos les pueda servir como herramienta de prevención.

Para aprender a "vivir", relacionarse e interactuar, a conocer la sexualidad y el mundo social, no es necesario atiborrarse de alcohol, sexo y drogas. La educación y la formación, que son responsabilidad de los padres, sirven precisamente para facilitar que el ingreso de nuestros hijos en los terrenos afectivo, sexual, relacional y social sea de forma sana y positiva, con el menor daño posible. La educación y la formación sirven para prevenir.

El aprendizaje del manejo de la libertad es indispensable, porque si un chico o una chica se sienten "prisioneros" de los padres, cuando tienen "prohibido todo lo peligroso" y se les niega la oportunidad de salir a fiestas y actividades de socialización, tan importantes en la adolescencia, aprovecharán la más mínima ocasión para escabullirse de la rigidez de las reglas y los muros de su casa.

Sin embargo, como todo en la vida, los extremos son peligrosos. Y el padre de Camila estaba en el extremo de la permisividad. Más aún, en actitud de "complicidad" con su hija. Tener una relación de confianza y respeto con los hijos, una actitud democrática en la que se permita que expresen sus puntos de vista y sean escuchados, no tiene nada que ver con olvidar el papel de guías, conductores, orientadores y líderes que tienen los padres a la hora de hacer avanzar el barco de la familia, con el fin de procurar el desarrollo positivo de todos sus miembros.

Al tener esta pareja criterios tan divergentes y aparentemente irreconciliables, "para evitar problemas" la madre dejó de discutir y el padre autorizaba todo lo que Camila pedía. De esa manera, los dos la habían abandonado un poco a su suerte, tanto en el mundo real, por cuya exploración y conocimiento ella sentía mucha inquietud, como en el virtual, en el que pasaba horas interminables interactuando con desconocidos.

Ni amistad, ni complicidad con los hijos: amor y firmeza

Camila sacaba ventaja del enorme hueco de comunicación que percibía entre ellos y se aliaba con papá porque él auspiciaba su entusiasmo por las salidas y la "defendía" de las preguntas y consejos de mamá, tratando de ser su "amigo". Pero, ante la insistencia de la madre, intentaba ponerle alguna norma y Camila no dudaba en gritarle: "Te odio, te odio, ¡eres el peor papá del mundo!". Los padres no somos amigos de los hijos. Nuestros hijos ya tienen sus propios amigos y nosotros también. Si nos convertimos en amigos, ¿quién va a cumplir el papel de los padres? Los estaríamos dejando huérfanos.

Camila no respetaba la autoridad de ninguno de los dos y es lógico porque los hijos piden a los padres coherencia cuando ponen normas. Lo que les molesta no es que tengan normas sino que sean solo para ellos. "Yo puedo fumar porque soy grande y tú no, porque yo lo digo y punto", decía una madre que fumaba una cajetilla al día y su hija había empezado a fumar a los 12 años. Lejos de lo que se suele pensar, los hijos sí esperan tener "trazada la cancha". Les gusta contar con el liderazgo de los padres y con modelos adecuados de comportamiento que les inspiren confianza y respeto.

Cuando los padres ponen límites, fortalecen las razones de seguridad y de conveniencia para la vida de los hijos. Estos lo agradecen, pese a que inicialmente combatan dichos límites, sobre todo si son coherentes. Aunque en un primer momento se frustren, los chicos valoran y respetan cuando los padres cumplen con su tarea de cuidarlos y protegerlos. No es posible tener una relación idílica con los hijos y habrá momentos de disgusto, pero no morirán y tampoco nosotros. Si su hijo se enoja porque usted está siendo firme, tiene sentido. Tenga la seguridad de que usted está haciendo bien su trabajo.

Es allí en donde se pone a prueba la autoridad de los padres. Una autoridad que necesita ser sólida y amorosa a la vez. Saber hasta dónde se puede llegar, cuál es la frontera entre lo que conviene y lo que no, lo que es apropiado y lo que no, lo que es perjudicial para ellos o para los demás, lo que se puede permitir y lo que no. Es la forma en la que nos entrenamos para reconocer las situaciones que implican riesgos para nuestra integridad física y emocional, o para saber si con nuestras elecciones estamos afectando a otros.

Enseñar el valor de elegir

Se requiere enseñar a los hijos a desarrollar lo que el filósofo Fernando Savater llama el "valor de elegir". La elección es un acto consciente que precisa de argumentos válidos y razonables para que tenga sentido, así como una perspectiva de las consecuencias que puede traer esa elección a nuestra vida. Por eso, cuando se trata de disciplina, normas y límites es indispensable explicar el por qué y el para qué de las decisiones que tomamos.

Por ejemplo: "Hija, sabemos que te frustra y te enoja mucho que no te autoricemos a ir a fiestas por la noche. Pero es nuestra decisión. Consideramos que hasta que tengas 15 años y hayas madurado un poco más, no permitiremos que vayas a fiestas nocturnas ni salgas con personas que no conocemos o con chicos y chicas mayores que tú. Te amamos y de esta manera estamos cumpliendo con nuestra obligación de cuidar de ti y de tu seguridad. Y eso no tiene discusión. No hay nada que puedas decir para que cambiemos de parecer". Respeto, amor y firmeza.

Educar para el amor y la sexualidad

En cuanto a los juegos sexuales en la adolescencia, lo ocurrido con Camila nos lleva a preguntarnos qué pasaba con su educación sexual y la de Andrés. Como tantas otras adolescentes latinoamericanas, Camila no había recibido educación sexual de sus padres. En el colegio sí, pero el enfoque más bien era biológico, funcional, y jamás escuchó hablar del *sexting*, ni de otros riesgos en la Red. Pero ya es imperativo que sea tomado en cuenta por los educadores y por los padres[33].

Los juegos sexuales por supuesto no son algo nuevo, como tampoco es nueva la práctica de las chicas de mirarse durante horas al espejo para verse las fallas o admirar su belleza. El punto es que antes quedaba en el silencioso secreto de la imagen guardada por el espejo. Y los besos, roces o toqueteos entre los muros protectores de una casa. Mientras que ahora, el espejo es el lente de la cámara, y esta especie de obsesión por parecer sexy y registrarlo todo, de captar el momento para poseerlo, eternizarlo y compartirlo, se convierte en un riesgo cuando la persona pierde control sobre esa imagen, pues como ya vimos, una vez compartida, es prácticamente imposible saber el destino que tendrá.

Una vida sexual íntegra y humana

Así mismo es necesario enseñar tanto a los varones como a las mujeres a valorar su cuerpo y el del otro, a recuperar el sentido de la intimidad y la privacidad, como elementos indispensables para el placer. Para que exista placer es necesario que exista confianza. Confiar en el otro con el que me relaciono permite que mi cuerpo se abra a la experiencia y se entregue al placer. Esa entrega solo es posible en un contexto de confianza que proporcionan el respeto y la seguridad de que no voy a ser traicionado. Así es como la vida sexual se vuelve íntegra y humana. Y lo que no se está enseñan-

---

[33]   El estudio "*Sexting* en América Latina, una amenaza desconocida" indica que un 96% de los encuestados está de acuerdo en que se ofrezcan planes de educación para prevenir el *sexting* en las escuelas y colegios.

do a nuestros adolescentes y jóvenes es precisamente a que reconozcan que la sexualidad equivale a placer cuando es un ejercicio de libertad. Y que la libertad implica una responsabilidad, aquella de cuidar de sí mismo, de elegir el autocuidado y la autoprotección, así como la responsabilidad de no causar daño a otro.

También es necesario explicar que la sensualidad y la libertad sexual son sanas, buenas y deseables en el contexto de una relación de pareja y en el ámbito de la sexualidad que esa pareja decida compartir, preferentemente, en la vida adulta. Y no en la relación entre amigos. Ya sé que existen los amigos con derechos, pero ¿por qué y para qué iniciar y mantener juegos sexuales con las amigas y los amigos?

Mientras más se demore el inicio de la vida sexual, más posibilidades hay de hacerlo de forma consciente y responsable. La elección de la pareja con quien iniciarán su vida sexual es importante, pues se trata de prevenir que la experiencia sea traumática y lesione la autoestima y la seguridad personal, como le ocurrió a Camila, Miguel, Lucía o Sebastián. La sexualidad vivida con dignidad y respeto, en un contexto de confianza, es una experiencia humana que proporciona placer y satisfacción.

Fortalecer el ser para desarrollar la autoestima

Es necesario asegurarse de nutrir y satisfacer las necesidades emocionales y afectivas de los hijos. La necesidad satisfecha actúa como factor de protección para prevenir "la fragilidad emocional"[34] tan presente en los adolescentes de

---

[34] Expresión mencionada por la doctoraTeresa Moratalla, terapeuta familiar sistémica de la Universidad Autónoma de Barcelona, España, en su ponencia "Adolescentes frágiles: entre el mundo virtual y el real", durante el Congreso Relates, Cuenca, Ecuador, 2012.

la posmodernidad, que con avidez buscan estar conectados en las plataformas virtuales y corren el riesgo de embarcarse en peligrosas aventuras.

"Mi hija es linda", decían los padres de Camila y no alcanzaban a reconocer alguna otra característica que tuviera que ve con el *ser* de esta adolescente. Si los padres no reconocemos las cualidades de nuestros hijos y no les hacemos saber lo que valoramos de ellos, ¿de qué manera pueden aprender a conocerse y reconocerse como seres humanos valiosos e integrales?

Generoso, inteligente, ingenioso, divertido, espontaneo, dulce, cariñoso, solidario, responsable, activo, ágil, paciente, sereno, buen amigo, comedido, elocuente, discreto, pacífico... ¡Hay tantas palabras que pueden ayudar a nuestros hijos a saber quiénes son y a forjarse una sana autoestima!

El amor, la aceptación y el respeto por sí mismo son los factores más eficaces de prevención ante los comportamientos de riesgo. Es tarea de los padres aprender nuevas formas de comunicación para que puedan ayudar a sus hijos a desarrollarlos.

En el capítulo 4 se dan algunas pautas y ejemplos de cómo hacerlo.

Para prevenir que sus hijos participen del *sexting*

- Hable acerca de las desventajas y riesgos de publicar fotografías de carácter sensual o sexual en sus redes sociales y las consecuencias e implicaciones que esto puede tener. Deje claro que usted no aprueba ese tipo de material.
- Advierta que jamás debe pedir ni publicar fotografías del cuerpo desnudo o partes del cuerpo ni enviarlas a

ningún contacto —ni amigos ni amigas— por mucha confianza que tengan. Y antes de subir cualquier contenido, sus hijos deberán pedirle su aprobación.

- Explique la necesidad y conveniencia de observar el respeto a la intimidad propia y de los demás, tanto en sus conversaciones como en su comportamiento sexual, y que jamás deben hacer ni aceptar propuestas de filmación de juegos, contactos íntimos o relaciones sexuales.

- Cuénteles que cuando se enciende una cámara web, cada uno de los usuarios puede capturar la imagen del otro sin que este lo sepa. Por lo tanto, una *webcam* debe ser utilizada únicamente con personas de máxima confianza y el comportamiento delante de esa cámara tiene que ser igual al que se observaría si se encuentran en un lugar público.

- Advierta que entre los contactos deben tener a personas de su misma edad y adultos que únicamente sean conocidos por la familia en la vida real. Asimismo, que no se debe invitar a personas desconocidas ni aceptarles ninguna invitación. Lo que antes nos advertían acerca de no subir al automóvil de desconocidos, ni hablar con gente extraña en la calle, ahora es igual, pero en la red.

- Conozca a los amigos y amigas de sus hijos en la vida real. Converse con ellos ocasionalmente y plantéeles eventualmente estos temas para conocer lo que saben y piensan.

- Enséñeles a sus hijos que todos tenemos derecho a la privacidad. Que si reciben fotografías de *sexting* que comprometan la intimidad de alguien, ellos pueden parar el reenvío. Y que aunque se trate de *selfies* no deben publicar ni etiquetar fotografías de otras personas, sin su consentimiento.

- Deles a sus hijos una educación sexual integral desde edades tempranas.

LAS PREGUNTAS MÁS FRECUENTES DE LOS PADRES

¿Debo aceptar como amigo a mi hijo en las redes sociales?

Definitivamente sí.

¿Debo ingresar a las cuentas de correo electrónico de mi hijo o estaría violando su privacidad?

Los adultos somos los responsables de lo que ocurra con nuestros hijos y cómo se comporten en las redes sociales. Es nuestra tarea autorizar y enseñarles su uso adecuado. Dígales que así como en la vida real usted nunca les permitiría conducir un automóvil sin que estén preparados para ello, tampoco los va a dejar solos en la autopista de la información y que es su responsabilidad velar por su seguridad e integridad. Aunque les haya enseñado medidas de autoprotección, tenga claro que los adolescentes no tienen la suficiente madurez para manejar la curiosidad y los impulsos que despiertan los contenidos sensuales y los juegos sexuales. Mantenga las claves de su cuenta de correo electrónico o de Facebook, explicándoles que esas publicaciones tienen que ser observables sin que les generen vergüenza. Y adviértales que si tienen más de una cuenta para intercambiar material inapropiado y eludir esta medida, se exponen a tener consecuencias como las que ya hemos visto.

¿Cómo hago para controlar que mi hijo no pase demasiadas horas chateando o en Internet, si yo no paso todo el tiempo en la casa porque trabajo?

Acuda a las tarjetas prepago de conexión a Internet para limitar el tiempo de uso y facilitarles el servicio a sus hijos cuando haya un adulto responsable en la casa. Promueva una relación de confianza y dedíquele tiempo al diálogo y la conversación. Siempre será mejor que calidad y cantidad de tiempo vayan unidas; sin embargo, la calidad ayuda mucho y depende de qué tan significativas sean las interacciones en los tiempos disponibles.

Después de explicar todo lo anterior, estimule en sus hijos la confianza en usted y manifiésteles su amor incondicional: "Hijo/a, tienes toda la información y sabes las consecuencias que puedes tener si tu comportamiento no es adecuado. Tienes el poder de elegir cuidarte y no hacer cosas que te quiten la tranquilidad, la confianza y la dignidad. Sin embargo, si llegaras a meterte en líos, es mejor que hables a tiempo conmigo (con nosotros) para poder ayudarte a salir pronto, en lugar de callarte, sufrir solo/a y dejar que las cosas empeoren. Aunque signifique un disgusto, no temas, quiero (queremos) que sepas que cualquier cosa que hagas, por muy grave que parezca, siempre puedes contar conmigo (con nosotros). No te voy (vamos) a juzgar ni a condenar. Yo soy (nosotros somos) el adulto responsable de ti y de tu bienestar. No existe nada que puedas hacer para que te abandone (abandonemos), cuenta conmigo (con nosotros)".

Es más difícil fallarle a quien confía en nosotros, que a quien nunca lo ha hecho. El voto de confianza hace que uno se comprometa por amor y respeto, no por miedo.

El caso de Miguel
18 años
La gravedad del ciberacoso

Distintos estudios realizados en la región demuestran que el *bullying* y el *cyberbullying* van en aumento. En Ecuador, al menos el 60% de los niños y adolescentes ecuatorianos ha sido víctima de *cyberbullying*[35]. En Chile, el 87,8% de los estudiantes, entre 12 y 17 años, ha sido víctima[36]. En México, un estudio indica que cerca del 90% de los alumnos ha sido testigo, actor o víctima de *ciberbullying*[37]. En Perú, el *bullying* y el *ciberbullying* son los principales causantes de suicidio entre los adolescentes[38].

De un análisis comparativo realizado por la Universidad de Navarra en el 2010[39], entre 21 000 estudiantes, de 10 a 18 años, de Argentina, Brasil, Chile, Colombia, México, Perú y Venezuela, se desprende que el teléfono celular es la herramienta más utilizada para acosar: los varones son los que más lo hacen para perjudicar y las mujeres son las víctimas, en su mayoría. Facebook es la principal plataforma de ataque pues es la red de mayor penetración y uso de los adolescentes en los países señalados, a excepción de Brasil en donde la red social más popular entre los jóvenes es ORKUT.

---

[35] "Primera encuesta nacional de la niñez y adolescencia de la sociedad civil: Niños y niñas del siglo XXI". ONU, Quito, Ecuador, 2011.

[36] Encuesta realizada por la Universidad Andrés Bello y Paz Ciudadana sobre un universo aproximado de 50 000 escolares, Santiago de Chile.

[37] Estudio realizado con 3550 estudiantes por la Secretaría de Educación del Distrito Federal y la Universidad Intercontinental (UIC), México, D.F.

[38] Información proporcionada por el Ministerio de Salud del Perú al Diario *La República*. Noticia publicada el 11 de septiembre de 2013 (http//:www.larepublica.pe).

[39] "Generación Digital (http://www.generaciondigital.es/), "*Oportunistas i riscos dels públics. La transformació dels usos comunicatius*".

Sin embargo, la más temida y la que más polémica y crítica ha suscitado últimamente, es ASK.FM, una plataforma de ataque inmisericorde. Es una de las redes sociales más nuevas (2010) y se le atribuyen varios suicidios de adolescentes que sufrieron intensas situaciones de acoso a través de sus muros en distintas partes del mundo.

ASK.FM favorece el *ciberacoso* pues su característica principal es el anonimato. Está diseñada para que el usuario de la página sea interrogado por otros miembros de la red sin que sepa quiénes lo hacen, dando lugar a que las preguntas vayan desde un contenido simple como: "¿Le tienes miedo a la oscuridad?" hasta otras como: "¿Es verdad que te has acostado con cinco?". O comentarios vulgares y ofensivos, insultos y agresiones. La persona puede responder o no, sin embargo cuando alguien se ha convertido en el blanco de un ataque generalmente termina sintiéndose intimidado y no responde, ni se defiende o empieza a dar explicaciones que hacen que el acoso vaya en aumento.

Aunque aparentemente ASK.FM ofrece opciones de bloquear a los indeseados, no hay seguridad de su eficacia, precisamente por la característica de anonimato que impide rastrear al generador del mensaje. En Youtube existen videos tutoriales de chicas y chicos que han sufrido el *ciberbullying* en ASK.FM, en los que tratan de enseñar a bloquear dicha red, pero sin éxito.

El acoso de la vida real se reproduce en las redes sociales

El *ciberacoso* que sufren las chicas puede ser de carácter sexual, con insinuaciones sexuales y comentarios vulgares, o como vimos en el caso de Camila, con intensas agresiones derivadas del comportamiento sensual o el propio *sexting*. En cambio, las amenazas para los varones son de agresión física e insultos; la degradación y la intimidación están más asociadas con la virilidad de los chicos. El *gay* que constantemente escuchaba Julián es de lo más habitual en el acoso y el ciberacoso entre los hombres. Pero también pueden usar "pedófilo" como algo simple y cotidiano.

Es frecuente que quien sufra de acoso de esta forma en la realidad, también lo viva en los escenarios virtuales, pues para los jóvenes contemporáneos este es uno de los principales espacios de socialización. Allí se retroalimentan las experiencias compartidas en la vida real y se construye el sentido de pertenencia al grupo, que se reafirma al participar de una acción comunicacional colectiva, tal como lo han hecho las generaciones anteriores con los medios y productos comunicacionales de turno y lo hacen los jóvenes actuales con las TIC y las redes sociales.

Todo lo que se observa en los muros de las redes sociales no es más que la reproducción de los procesos individuales y las dinámicas relacionales que se viven en la vida real, y que al ser puestos en común, en estos escenarios virtuales, nos muestran de frente los prejuicios, los estereotipos, los comportamientos violentos, sexistas y de exclusión que los jóvenes han asimilado de los adultos, y que ponen en evidencia cuánto camino nos queda por recorrer para avanzar en el buen trato y la construcción de una cultura de paz, anhelada y aún distante.

El caso de Miguel
18 años
Bullying, cyberbullying y pornografía infantil

Una víctima de *bullying* y de *cyberbullying* puede vivir situaciones de intensa ansiedad, que se expresan en bajo rendimiento escolar, agresividad, aislamiento, enfermedades constantes producidas por el nerviosismo y la ansiedad. Y al acudir a las redes sociales como "refugio", puede "enredarse" fácilmente con desconocidos de peligrosas conductas, como veremos a continuación que le ocurrió a Miguel.

"¿Será que soy *gay*? ¿Soy un monstruo? ¿Soy pedófilo? o ¿soy pederasta?".

Miguel llegó a consulta haciéndose todas estas preguntas. Tenía 18 años y desde los 12 había sufrido *bullying* en el colegio. Los ataques que recibía incluían el temido *gay* y pensaba que se lo decían porque no le gustaba el fútbol, se llevaba mejor con las niñas y le gustaba Hanna Montana y la música de Justin Bieber que ellas escuchaban.

"Me insultaban porque yo no decía malas palabras y no me gustaba ser grosero y brusco (…) y también porque era gordito", explicaba con la mirada lejana, como perdida en la memoria de ese tiempo, que le parecía de una oscuridad infinita.

Como le ocurrió a Julián y les ocurre a los chicos que sufren acoso, Miguel tenía tanta rabia interior, que un buen día, ya con 16 años y después de 4 años de sufrir las agresiones, quiso estallar a golpes a uno de sus agresores, pero los amigos lo detuvieron. "Me moría por partirle la cara y más ira me dio porque no me dejaron. Empecé a desquitarme con los más chiquitos, los martirizaba diciéndoles cosas horribles, las mismas que a mí me decían, y les pegaba feísimo. Me sentía aliviado porque botaba toda la ira, pero después me daba miedo ser tan malo".

Su proximidad a las chicas fue tomando matices particulares. En Facebook empezó a conectarse con personas de otras partes del mundo que, como él, afirmaban sentirse *excluidos*. Hizo una amiga lesbiana de Chile, un travesti de México y Nick, de España, quien le había contado su afición por las niñas. Por él conoció otras redes sociales y grupos en los que "para pertenecer" tenía que ser conocedor de páginas web en las que se mostraban fotos de niñas bellísimas en poses sensuales.

Miguel chateaba con Nick en Facebook durante horas. "A veces me pasaba todo el día en el chat y no me daba ni cuenta", dice sorprendido de sí mismo.

Sus constantes visitas a las páginas de "lolitas"[40] habían quedado registradas en las preferencias de su Facebook y

---

[40]   *Lolita* es una novela del escritor ruso Wladimir Nabokov, y cuenta la historia de un hombre mayor que se enamora de una adolescente de 13 años. La novela fue llevada al cine por Stanley Kubrick. El término "lolita"

pronto sus contactos empezaron a tacharlo de "pedófilo" y a insultarlo. Para ellos, pasó de ser *gay* a ser pederasta. Y en ASK.FM le llovían las agresiones y las amenazas: "Orgullo pedófilo", "Habría que matarte por pederasta", "Eres el rey de la pedofilia". La consecuencia fue un rechazo cada vez mayor. ¿Quién querría estar cerca de él si lo veían como un abusador sexual de niñas?

Los términos "pedófilo" y "pederasta" eran utilizados indistintamente, pero existe una diferencia: la pedofilia se entiende como la atracción sexual hacia niños y niñas, mientras que la pederastia es la consumación del abuso sexual a niños y niñas.

Miguel, que a los 12 años se aproximaba a las niñas de forma inocente, gracias a los relatos y el material producido por Nick había empezado a sentirse diferente con respecto a ellas. "Un día que me insultaron en el colegio, llegué muy furioso a la casa y me encontré con Nick en el Facebook. Me contó que había estado con una 'lolita' de 11 años y se había filmado. Me pasó el video y yo me masturbé viéndolo. Ahí sentí horror de mí mismo. Me dije: ¡¿Qué me pasa, qué estoy haciendo?!".

Cómplice de un delito cibernético

La identidad de un adolescente está en construcción, en definición, y la sanción social y el acoso pueden contribuir a perturbar y dañar grandemente este proceso. Si un chico no calza en el estereotipo del varón macho y tosco, empieza a ser atacado e increíblemente puede comenzar a dudar de su masculinidad. Esto suele encontrar consonancia con la mirada y las expresiones de los padres, como le pasaba a

---

es utilizado ahora para referirse a las niñas y adolescentes, deseables y seductoras que aparecen en múltiples páginas de Internet. Sin embargo, en Japón surgió una subcultura denominada "Lolita", que no tiene nada que ver con la sensualidad o lo sexual, sino todo lo contrario. Se trata de una moda y un estilo de vida que ha sido adoptado por chicas y hasta mujeres jóvenes adultas que se visten con ropa inspirada en la época victoriana, adoptando una apariencia de muñecas, infantiles e inocentes.

Julián. Ellos esperan que sus hijos sean "machos" y si no los ven actuar así los critican, juzgan o descalifican, poniendo en duda su masculinidad.

A Miguel no le gustaba el fútbol por los golpes y las patadas, y tampoco quería participar de los comportamientos agresivos y el lenguaje soez que, supuestamente, son signos inequívocos de masculinidad. Ante los ojos de los acosadores esto lo convertía en homosexual, pero es perfectamente válido que un hombre no comparta la violencia y la vulgaridad o que le guste la música y las artes, sin que eso defina que su preferencia sea homosexual. Ese es otro punto. Sin embargo, Miguel "al verse diferente" empezó a dudar de sí mismo, y al sentirse excluido prefirió conectarse con otras personas que también se sentían juzgadas y excluidas de la sociedad por su supuesta "anormalidad".

Pero, ¿en qué se parecían sus vidas? Miguel nunca había tenido novia ni una experiencia sexual en la vida real, en cambio Nick, que fue la persona con quien más compartió en el grupo de "excluidos", según la información que Miguel tenía, era un joven *ni-ni*[41], de 22 años, que dedicaba todas las horas del día a seducir niñas en la Red. Prefería las de 10 y 11 años. Filmaba desde su *webcam* los desnudos que hacían para él, compartía esos videos con sus amigos de Facebook, entre los que estaba Miguel, y terminaba abusando sexualmente de las niñas. Es decir, Nick hacía *grooming* y Miguel, que no conocía a las niñas, era el depositario de sus hazañas y se había convertido en un consumidor de la pornografía infantil que Nick producía. Sin saberlo, participaba y era cómplice de un delito cibernético. Fue de menos a más hasta llegar al episodio de la masturbación, con lo que se había

---

[41]   *Ni-ni: Ni* estudia *ni* trabaja, definición que se aplica a jóvenes entre 18 y 25 años en estas circunstancias.

horrorizado de sí mismo. Es muy difícil no salir manchado cuando uno se mete a un pantano.

Dispuesto a todo por pertenecer a un grupo

Miguel entró en las oscuras aguas de la *deep web*, todo por sentirse parte de algún grupo. Al no ser aceptado ni en el colegio ni en las comunidades virtuales integradas por sus conocidos de la vida real ingresó en ese universo virtual, en el que era aparentemente aceptado, con la única condición de que le gustaran las "lolitas".

Es indispensable que los padres fomenten en los hijos la seguridad de que son plenamente amados y aceptados en su familia, que afiancen el sentido de pertenencia a ese hogar, a ese grupo humano propio, en donde pueden no existir condiciones para ser amado.

"Yo siempre me he sentido raro, como si fuera harina de otro costal", explicaba Miguel. Se había separado de sus padres a temprana edad, justo a los 12 años. Por circunstancias de trabajo de sus padres, y creyendo que en los estudios le iría mejor en una ciudad más grande, fue a vivir en casa de los abuelos, mientras que sus padres y hermanos se quedaron juntos. Sufrió mucho con la separación y se mostraba triste y silencioso en el nuevo colegio. Nunca les dijo a sus padres, ni a nadie, que estaba pasándola mal. Recién con su ingreso en la universidad, la pérdida inminente del primer semestre y las interminables jornadas "prendido" al computador y al Facebook salió a la luz lo que vivió al separarse de su familia y los efectos que eso tuvo en él.

La tecnología no cubre las necesidades afectivas

Las razones de mejoramiento educativo o económico (cuando los padres son los que se van, como en los casos de la migración) no tienen validez ni en la mente ni en el corazón de un niño, que lo único que anhela es estar junto a su familia. Experimenta ese tipo de separaciones como un verdadero abandono. Desde luego, no se puede juzgar a los millones de madres y padres que toman decisiones tan cruciales, pues la lucha por la supervivencia puede ser muy dura. Sin embargo, sí vale la pena pensar que por muy buena que sea la educación académica o las comodidades materiales que se le pueden ofrecer a un pequeño, y ahora con las facilidades tecnológicas, jamás podrán compensar y menos resolver las necesidades afectivas que deben ser cubiertas por los padres en el seno de la familia.

El vacío enorme que quedó en Miguel y la desprotección que sintió le hicieron vivir seis años de amarga recordación que transcurrieron entre el *bullying*, el *cyberbullying*, sus angustias por no saber quién era y cuáles era sus preferencias sexuales, las confesiones de un joven pedófilo y pederasta, y sus inicios en el consumo de la pornografía infantil.

"Me parece que fue una pesadilla, un sueño, algo lejano... que no viví yo. A veces me pregunto si pasó o no pasó, pero luego me digo que sí: ASK existe, Facebook existe y Nick existe", comenta mientras se golpea repetidamente las rodillas con los puños cerrados, en signo de afirmación, como tratando de aferrarse a la realidad.

Muchas horas en la red: ¿síntoma de evasión?

El daño causado por el *cyberbullying* es enorme. Produce niveles de intenso sufrimiento en las víctimas, en muchos casos igual o peor que el sufrido por víctimas de *bullying*, pues hay que considerar que el material ofensivo publicado está presente en la Red y circula a toda hora, sin posibilidades de detener su alcance.

Tal como les ocurrió a Julián y a Miguel, cuando se trata de *bullying* las víctimas no hablan de lo que les pasa porque se sienten culpables y avergonzadas, al verse como cobardes. Pero si sufren *cyberbullying*, además, temen que los padres hagan reclamos a los agresores y con eso "se los avergüence más", haciéndolos ver como "chiquitos", o que al conocer de sus andanzas, les restrinjan el uso del celular, el computador e Internet.

Indudablemente, ante una situación así, los padres deben fijar consecuencias por el uso indebido. Si se ve que el hijo pasa horas de horas en el computador, hay que restringir el uso de inmediato e indagar sobre los aspectos emocionales y relacionales por los que atraviesa, entendiendo que ese tiempo excesivo es un síntoma de evasión. Sin dudarlo, el joven acude a ese "refugio virtual" porque no ha encontrado la manera de decir lo que le duele, le molesta o le preocupa. La limitación del tiempo de uso de los aparatos tiene que ser la consecuencia lógica cuando es excesivo, entendiendo que su hijo no ha alcanzado todavía la madurez y la responsabilidad necesarias para discernir y aprovechar de otra manera estas herramientas.

De la misma manera que se trabaja en la norma y la restricción, lo más importante siempre será que los padres construyan en la familia un clima de contención emocional adecuado y permanezcan atentos a las necesidades afectivas de los hijos, faciliten los diálogos y estén dispuestos a escucharlos, entenderlos y apoyarlos.

PARA PREVENIR QUE SUS HIJOS PARTICIPEN DEL *BULLYING*

- Promueva una cultura de buen trato en la familia. Si esto es lo habitual, el niño aprenderá a identificarse con ese comportamiento y a rechazar el maltrato.

- Hábleles a sus hijos con respeto. Esto quiere decir: elimine cualquier forma de insulto, palabras hirientes u ofensivas en el trato con ellos.

- Enséñeles que son dignos de ser respetados y que no merecen maltrato de ningún tipo, ni de nadie.

- Revise los conceptos y patrones de comportamiento de la familia con respecto a la violencia, la homosexualidad y los valores humanos.

- Pregúntese: ¿Qué tan normal es en su familia las faltas de respeto, los gritos, los insultos o la humillación? ¿Forman parte de su dinámica relacional?

- Si es así, busquen ayuda profesional para poner fin a la situación. Se puede aprender otras formas de relación asociadas al buen trato y el respeto.

- Modele un comportamiento de respeto al otro y a sí mismo. Si usted se encuentra en una situación de violencia con su pareja o expareja, haga lo que sea necesario para resolverla, no lo encubra ante sus hijos ni trate de justificarla. No se puede tapar el sol con un dedo. No permita que sus hijos vivan en su piel los efectos de lo que usted no ha logrado sanar.

- Si su hijo le cuenta que alguien lo agrede, créale y reconozca su sufrimiento, pero no le tenga pena. Póngalo en conocimiento de las autoridades y enséñele al niño o adolescente que tiene derecho de enojarse con el agresor y, lo más eficaz para frenarlo, es desarrollar su capacidad de defensa, sin necesidad de agredir. Los niños pueden resistir el maltrato por años. Les dicen: "Cuéntale a tu maestra" y muchas veces (demasiadas) los profesores o autoridades del colegio permiten que la situación se repita por no tomar acciones a tiempo y que quede en la impunidad. Es mejor que el hijo "se entrene" para defenderse oportunamente, a que tenga que pedir ayuda y no le escuchen.

- Denuncie a las autoridades competentes.
- Si su hijo es señalado como agresor, no lo condene, tampoco lo justifique: explore las causas, analice de quién asimiló esta conducta, ponga límites, explíquele que es inaceptable y enséñele a ofrecer disculpas y a generar actos de reparación.
- Enséñele que entre las consecuencias graves para sí mismo está el rechazo de los demás y, por lo tanto, la soledad y el aislamiento.
- Sea claro: si para pertenecer a un grupo de amigos de la vida real o de los universos virtuales tiene que hacerse daño a sí mismo o a los demás, es preferible no tener esos amigos.
- Desarrolle en sus hijos el reconocimiento de sus fortalezas para que sepan que no necesitan transar con sus principios para ser aceptados.
- Muéstreles que con el paso del tiempo se ve cómo muchos de los que han sido acosados por estudiosos, tranquilos o educados, logran una vida de realizaciones y los "superpopulares" no.

Para prevenir que sus hijos participen del *ciberbullying*

- Advierta a sus hijos que nunca deben responder si reciben insultos, ofensas o cualquier tipo de agresiones en las redes sociales. Deben eliminar el comentario, bloquear el contacto o cerrar la cuenta de inmediato.
- Si sus hijos tienen cuentas en ASK.FM propicie la reflexión sobre el lenguaje y la violencia que usa. Explique el riesgo innecesario que conlleva estar expuesto

a la humillación anónima y los efectos terribles que las agresiones pueden tener en la vida de quienes las padecen. Con esa explicación pida a sus hijos que no participen de esa forma de violencia y exija que cierren sus cuentas si las tienen en ASK.FM. Hacer que pierda usuarios es una forma de debilitar a la red con la esperanza de que desaparezca.

- Permanezca atento a los cambios de humor y los estados de ánimo de su hijo. Silencios prolongados, ensimismamiento, irritabilidad, trastornos del sueño y alimentación, bajo rendimiento escolar, agresividad, pueden ser síntomas de que algo no está funcionando adecuadamente en la casa o en la escuela.

- Si siente que la situación se le sale de las manos, busque ayuda profesional.

- Proporcione a sus hijos una educación sexual temprana, para transmitir una idea positiva de la sexualidad y prevenir tanto que sean víctimas de abuso sexual, como que se conviertan en abusadores.

- Es necesario educar en el respeto al cuerpo, del propio y el del otro, desde las más tiernas edades.

- Es indispensable explicar que el incesto y la pedofilia no son aceptables. Son un *abuso,* una especie de "asesinato" emocional y psíquico para quienes lo viven. Y que actividades como consumir e inducir a la pornografía infantil o compartir imágenes de niñas y adolescentes captadas por *webcam,* aunque sean desconocidas, es ser partícipe de un delito cibernético, el *grooming,* y de otro, terrible, la explotación sexual de las mujeres.

- Asimismo, es necesario explicar que esto no es algo simple o gracioso; se trata de algo grave, porque un adolescente es imputable de cargos y podría ir a la cárcel por estos delitos[42].

- Enseñe a sus hijos que las niñas, niños, adolescentes, jóvenes, hombres y mujeres no somos "cosas", sino seres humanos con dignidad que merecemos respeto. La utilización de sus imágenes es una forma de violación de los derechos. Por lo tanto pídales que nunca consuman pornografía de ningún tipo y que si llegaren a recibirla deben eliminarla y alejarse de quien se la compartió, pues una vez que ingresa en ese universo puede resultarle muy difícil salir.

El caso de Lucía
19 años
La pesadilla del "engatusamiento"

Ante la desaparición de una joven de inmediato se prenden las alarmas y vuelan las hipótesis sobre si fue secuestrada y captada por alguna de las redes de explotación sexual que siempre buscan chicas "apetecibles". El secuestro y la trata de personas son dos de las actividades delincuenciales que se han facilitado grandemente por Internet. Los ciclos de localización de víctimas son ahora mucho más cortos.

Los delincuentes ingresan fácilmente a las redes sociales y localizan los perfiles de las "más populares", las que más *likes* han logrado y aquellas que van contando, paso a paso lo que hacen, a donde van y con quien están. Las sugerentes fotografías de cuerpo entero, mirada seductora y poses que derrochan sensualidad no solo atraen a sus pares, que comentan en los muros de su Facebook cosas como: "Estás rica", "Eres la más sexy", "Qué buena estás" o "Estás para romperte...". Ellas responden con "jajajaaa..." o una carita feliz.

---

[42]   Existe una Policía Cibernética en todos los países del mundo, encargada de velar por la seguridad en el ciberespacio y rastrear a quienes cometen este y otro tipo de delitos en la Red.

La promoción sensual de su imagen —como lo dije antes— es también un gancho inequívoco para los depredadores del espacio virtual. Las redes de trata de personas con fines de explotación sexual se dedican, con esmero, a encontrar nuevas víctimas.

Haciéndose pasar por personas de su edad buscan establecer contacto con niñas, adolescentes y jóvenes, que con tal de engrosar las cifras de supuestos amigos, aceptan entre sus contactos a cuanto desconocido les envía una solicitud de amistad. Quienes tienen activado su instinto protector cortan, bloquean o denuncian en la propia red a estos oscuros personajes que las asedian; otras no. Las más vulnerables responden a los mensajes aparentemente inocentes, sin caer en cuenta que ya han sido estudiadas y repasadas mucho antes de que acepten la invitación.

"Que linda estás con ese *jean*", "Me encantas en la foto del *short* azul", "Qué rica te ves con ese escote...", "¿Y cuándo nos vamos a tomar unas cervezas como las que estás tomando con tus amigos?" o "Te puedo ver en el bar al que fuiste ayer". El depredador trata rápidamente de concretar un encuentro en la vida real.

El caso de Lucía
19 años
Del grooming *a la explotación sexual*

Así describía Lucía, una joven de 19 años, los primeros acercamientos del Pato, cuando ella apenas tenía 15 años. Ella llegó a consulta cuando su tío descubrió que se dedicaba a la prostitución prepago. El Pato fue su jefe.

Su tío, quien vivía fuera del Ecuador, recibió a su correo electrónico un catálogo de mujeres jóvenes con sugestivas fotografías, recomendado por un amigo para localizar a "las chicas más calientes" de Quito. Una de las más requeridas de esa página web era Lucía, su sobrina.

"Al principio, cuando chateábamos, el Pato era bien dulce, cariñoso, casi como un padre. Pasábamos horas en el *Face*, así nos hicimos amigos. Yo le contaba mis problemas y él me aconsejaba. Después, poco a poco, me convenció de que empezara a masturbarme. Mi primera relación sexual fue por Internet[43], con él, mientras mi abuelita dormía en el cuarto de al lado. Después nos encontramos en un bar y la plata que me ofreció era increíble. Ropa que jamás podía comprarme, los mejores restaurantes, farras interminables... Me trataba como a una reina. Tragos, éxtasis y ¡a trabajar! Tenía que estar bien drogada para aguantar la noche. Pero me iba tan bien, que luego ya no pude salir. Después me convenció de que le trajera más chicas. Yo le llevé por lo menos unas 12 amigas que estaban entre mis contactos. Pasábamos en 'la zona'. Cuando captaba un cliente, se comunicaba conmigo por el celular y yo le mandaba la chica de acuerdo con el pedido. Lo grave de eso es que esa plata, todo lo que gané, 30 dólares por punto[44], se fue como agua. A veces hacía hasta 30 o 40 puntos por noche. Pero no me quedó nada. Todo se fue en trago, droga, ropa y comida. Cuando me acuerdo de eso siento verdadero asco de mí misma. Ahora solo tengo la vergüenza porque toda mi familia se enteró, mi mamá no quiere saber nada de mí; solo mi tío y mi abuela que me criaron me están ayudando a salir. Ellos pensaban que era buena y no pueden creer en lo que me metí. Nunca denunciaría al Pato porque si él cae yo también (...). Yo no le tengo miedo, (...) lo que me aterra es que mi enamorado se entere algún día. Que le llegue alguna foto. El cree que vivo de mi trabajo de cajera y si se entera me dejaría para siempre, no sé, creo que hasta me pegaría... ¿Quién me va a querer con semejan-

---

43   Sexo virtual.
44   Acto sexual.

te pasado? Si ni yo me quiero…". Tenía la mirada perdida y el rostro inmutable, mientras relataba su vida. Como si no estuviera hablando de ella.

Lucía empezó aceptando hablar con un desconocido en Internet. Creyó encontrar un padre-amigo y terminó perteneciendo —y reclutando a otras jóvenes como ella— a una red de explotación sexual, una de las formas de esclavitud del siglo XXI[45]. Una realidad que parece lejana, pero de la cual permanentemente tenemos noticias en los medios de comunicación, en las propias redes sociales o entre los conocidos.

La prostitución femenina crece y ha variado. No tiene que ver para nada con esas mujeres viejas, desdentadas, con maquillajes borrosos y ropas estridentes como los tristes personajes que retrata Julio Donoso en *El lugar sin límites*. O con las guapas, risueñas y militarizadas "visitadoras" de Vargas Llosa que ayudan a Pantaleón a cumplir el deber patrio. En la sociedad erotizada son como Lucía, estudiantes de colegio o de universidad, cotidianas empleadas, profesionales y amas de casa, quienes ofrecen sus servicios sexuales en la Red y comercializan su cuerpo como cualquier mercancía.

La "profesión más antigua de la humanidad" es en realidad la forma más antigua de apropiación y explotación del cuerpo de las mujeres por parte de los hombres. Debajo de ella existen miles de historias de maltrato infantil, pobreza, abuso sexual, violencia sexual y física, violencia intrafamiliar, dependencia económica de las parejas, ignorancia, falta de oportunidades y de educación. Hay miles de historias como las de Lucía, quien siente asco de sí misma y no sabe

---

[45] Como "la esclavitud del siglo XXI" se conoce a la trata de personas que son secuestradas con diversos fines: explotación sexual, laboral, esclavitud propiamente dicha, servidumbre, extracción de órganos, mendicidad y milicia forzada, etcétera. AC Democracia, Ecuador, 2010.

qué hacer para salir de esa trampa ni cómo lidiar con la memoria llena de esos cientos de hombres que pasaron por su cuerpo. Acude a las drogas para olvidar y sobrevivir en una vida sin vida, rodeada de abuso, vergüenza y menosprecio, de miedo, horrores y angustia.

Una cadena de ausencias

Esta realidad está en la punta final de una cadena que empieza con el sexismo y la objetualización del cuerpo de las mujeres, tan alegre y livianamente tratado por la publicidad y los medios. Y termina en la violencia y la explotación sexual comercial, que incluye turismo sexual, prostitución y pornografía.

En América Latina se estima que unas 100 000 mujeres provenientes de Brasil, Colombia, República Dominicana, Surinam y las Antillas —y recientemente de México, Argentina, Ecuador y Perú— son conducidas con engaños y falsas promesas de empleo (muchas veces como artistas, bailarinas o cantantes) a Estados Unidos, Alemania, Holanda, España, Bélgica, Israel, Japón y los países asiáticos[46].

Lucía fue víctima del *grooming*. Cuando hablamos de esto pisamos los pantanosos terrenos de la industria del sexo, que produce, según las Naciones Unidas, entre 5 y 7 billones de dólares al año, y es el segundo negocio ilícito más rentable, después del narcotráfico. El tercero es el tráfico de armas.

Uno de los factores que sostiene este enorme problema social es la demanda de servicios sexuales por parte de los

---

[46] AC Democracia - Acción Ciudadana por la democracia y el desarrollo, Coalición internacional contra el tráfico de mujeres y niñas en América Latina y el Caribe. *Manual Masculinidades, sexualidad y consumo de la prostitución.* Ecuador, 2012.

hombres. Mientras haya demanda, habrá oferta. Solo una nueva conciencia en hombres y mujeres, el ejercicio de una nueva masculinidad y un sistema social y jurídico, cuya legislación —como en Suecia— sancione al consumidor y al proxeneta, actualmente invisibilizados, protegidos y justificados por aquello del "instinto animal" de los hombres, puede hacer que las sociedades se encaminen hacia la erradicación de la prostitución y el cumplimiento de la defensa de los derechos humanos de niñas, niños, adolescentes y mujeres.

Es algo que parece imposible, pues se ha vuelto tan común y corriente que, como sociedad, en lugar de sentir vergüenza por tolerarlo, muchas veces somos cómplices inconscientes de esta realidad cruel e injusta.

Por la gravedad del problema existen algunas iniciativas emprendidas en la región para erradicar el consumo de prostitución. Proponen educar a los jóvenes en la construcción y el ejercicio de una nueva masculinidad[47] que cuestione el machismo y el sexismo, a fin de que disminuya la demanda de prostitución. Pero estamos apenas al inicio de un cambio cultural que requiere un esfuerzo enorme como sociedad, pues se enfrenta a la potencia del discurso emitido por la industria del sexo, que se alimenta del consumo de pornografía e inunda de forma fácil y gratuita las habitaciones y pantallas de millones de adolescentes y familias en el mundo.

---

[47] Los Cascos Rosa es una red ciudadana de jóvenes ecuatorianos que trabajan a favor de la erradicación del machismo y las formas de violencia contra las mujeres. Impulsan la campaña "Tu plata maltrata, para con la trata de mujeres".

Para prevenir que sus hijos sean víctimas o participen del *grooming*

- Observe todas las medidas de control parental eficaz recomendadas para la prevención de los casos anteriores.

- Advierta a su hijo (niño o adolescente) que no es conveniente publicar en la red social cada paso que da y aclare que tampoco debe incluir datos personales como direcciones del colegio y de la casa ni números de teléfono, pues pueden ser utilizados por alguien para hacerse un perfil con datos similares y simular coincidencias que le permitan acercarse.

- Explíquele que si bien la mayoría de quienes hacen *grooming* son hombres adultos y pueden pertenecer a redes de explotación sexual[48], también lo pueden hacer muchachos adolescentes, de 15 a 18 años, que se hacen pasar por chicas; y adolescentes mujeres que suplantan identidades, haciéndose pasar por hombres para seducir, enamorar y concretar abusos sexuales o violaciones.

- Adviértale que se trata de un delito y que el contacto con desconocidos es precisamente la manera más riesgosa y próxima de convertirse en víctima.

- Eduque a sus hijos en la conciencia de que ni ellos ni los demás son una mercancía para ser comercializada. La dignidad empieza con el respeto y reconocimiento de los derechos y los límites, propios y de los demás.

---

[48]   Unidad de Cibercrimen. Ciberpolicía del Ecuador.

El caso de Sebastián
13 años
Encuentro temprano con la pornografía

"Pornografía" es una palabra de origen griego que significa "descripción" (*grafía*) de la "prostituta" (*porné*), y denota un conjunto de representaciones –dibujos, pinturas, fotografías, imágenes, videos— que muestran órganos genitales o actos sexuales, y que se exhiben o se contemplan con una determinada actitud. El objetivo normalmente es la masturbación o al menos la excitación de quien las consume. Este material se produce para lucrar con él o dañar a alguna persona, aunque Internet ha introducido la posibilidad de acceder gratuitamente a este tipo de material o producirlo.[49]

La pornografía, al igual que la prostitución, sirven a los mismos fines: la utilización de las personas como objeto de placer sexual.

"La primera vez que vi pornografía tenía 11 años. Mi papá me envió un *mail* con fotos de mujeres desnudas y otras en las que ellas están haciéndoles sexo oral a unos hombres".

Sebastián entró a consulta cabizbajo, caminando tímidamente detrás de su madre, que lo ha encontrado en su habitación viendo videos de pornografía y masturbándose.

"¿Cuál es el peligro de que mi hijo haya visto pornografía siendo tan chiquito? ¿Cómo le puede afectar? ¿Puede volverse adicto como el papá?".

Estas fueron las primeras preguntas que la madre de Sebastián me hizo, visiblemente angustiada, al llegar a consulta con su hijo.

El padre de Sebastián acostumbraba compartir pornografía con sus amigos y, al parecer, no se dio cuenta que entre sus contactos estaba su hijo.

---

[49]   Dirección General de Igualdad de Oportunidades, Ayuntamiento de Madrid, *Las ciudades y la prostitución*, Madrid, España, 2003. Citado en Manual de Masculinidades – ACDemocracia.

"Estoy divorciada de su papá desde hace 4 años y siempre tenía miedo de que algo así pasara. Él hacía lo mismo y a mí ni me tocaba, ¡pero nunca me imaginé que podría llegar a tanto...! ¿Esto es hereditario?!", dijo visiblemente enojada con su exmarido.

"Al principio me asusté y no le dije nada a mi mamá, para que los dos no se pelearan, pero ahora que mi mamá me encontró viendo, tuve que contarle que había sido mi papá, porque ella creía que fueron mis amigos los que me enviaron el material, y me dijo que les iba a contar a los papás de ellos...". Sebastián comentó que había sido él quien había compartido con ellos varias imágenes y páginas web de pornografía que recibía de su padre.

"Pasaron algunas semanas antes de volver a ver las fotos que me mandó mi papá, pero me venció la curiosidad y después empecé a mirar y a sentir excitación. Así empecé a masturbarme. Después vi videos de pornografía *amateur*, y alguna vez llegué a ver hasta *bondage*[50] porque el primo de un amigo mayor que yo (18 años) es *superpornero*[51] y se sabe todos los sitios. Hay unos súper raros...".

"Lo que más me impactó una vez fue ver un video real de un 'pelado'[52] que tenía sexo ¡con la mamá y con la hermana al mismo tiempo! ¡Eso no me excitó, me dio asco! ¡Y me pareció demasiado! Si te pones a navegar encuentras horrores", comenta Sebastián un poco sorprendido y sonrojado.

Cuando lo descubrió su madre, llevaba dos años viendo pornografía. "Me masturbo hasta más de tres veces al día, pero no he tenido ningún tipo de contacto sexual con una chica, aunque un día en una fiesta de amigos mayores que

---

[50] *Bondage* es el término utilizado para referirse a la utilización de cuerdas, telas, cadenas o esposas para atar e inmovilizar a una persona durante el acto sexual; también pueden incluir vendas en los ojos y mordazas.

[51] Sebastián explica que en su grupo le llaman "pornero" a quien consume pornografía con mucha frecuencia.

[52] Chico, muchacho, joven.

yo, entré a un cuarto oscuro. En las fiestas uno se mete a un cuarto con la luz apagada y ahí están hombres y mujeres, no sabes quiénes son, pero entras y te besas, te tocan; los hombres tocamos más... y los más grandes, cuando es su cumpleaños, piden que las chicas les hagan sexo oral".

Distorsiones de la pornografía

El "supermacho" y "la mujer multiorgásmica"

La industria del cine porno ha promovido desde siempre la idea del hombre "supermacho", poderoso seductor, generador de múltiples conquistas y, ante todo, bien dotado genitalmente para cumplir como proveedor inagotable de placer sexual de las hembras. Y ha colocado en la mente de los consumidores la idea de la mujer siempre lista y dispuesta para el sexo, que experimenta múltiples orgasmos mientras es maltratada e insultada y se muestra encantada de participar —sin ningún reparo— en tríos, *swingers*[53] y encuentros orgiásticos para complacer, de rodillas, a los machos demandantes de placer.

La pornografía promueve el precepto de que la degradación de las mujeres es aceptable y los hombres tienen el poder y un papel predominante en la relación mientras que ellas son sumisas y obedientes.

La idea del "supermacho" ha producido en los varones una gran preocupación no solo por el tamaño del pene, sino, ante todo, por alcanzar los estándares de rendimiento sexual observados en las "estrellas porno" y una presión por conservar la erección por muchas horas seguidas para tener el mayor número de coitos. Aunque no existan cifras oficiales derivadas de una investigación, es significativo el uso de Viagra. Los especialistas observan en sus consultas que en

---

[53]   Intercambio de parejas.

hombres jóvenes, de entre 18 y 25 años, perfectamente sanos, para quienes —si bien la tableta no tiene ningún efecto a nivel físico— sí crea una dependencia psicológica, la asocian con "potencia y rendimiento" y se sienten inseguros de mantener una relación sexual sin ella.

Asimismo, la imagen de la "mujer multiorgásmica" de la pornografía ha llevado a las mujeres comunes y corrientes, no solo a presionarse para tratar de adaptar su físico al de las *pornstars,* sino a procurar una desinhibición sexual, frecuentemente forzada. Muchas mujeres han cedido al mensaje: "Tienes que ser bella, seductora y complaciente", y aceptan mantener prácticas sexuales que no les producen ningún placer o que no desean (sexo oral, sexo anal, eyaculación facial, tríos, *swingers*). Lo hacen para complacer a sus parejas, por miedo a que "se vaya con otra"; incluso para tener satisfecho al macho y/o para parecer liberadas, cantidad de mujeres, de todas las edades, fingen experimentar orgasmos. El 85 % de mujeres consultadas admiten que lo hacen.

Por otro lado, están las mujeres que queriendo ser libres en la cama y sintiéndose así, se enfrentan al riesgo de ser juzgadas y cuestionadas por sus parejas: "Dónde aprendiste… Quién fue el primero que te hizo eso… Sabes mucho… Si te gusta tanto es porque eres una cualquiera o al menos no mereces respeto… Las que se acuestan a la primera no sirven para esposa". Son frases reales que muchas mujeres aún escuchan de sus parejas —en tono de reproche—, siendo novias, esposas o amantes, a cuenta de su supuestamente deseada y contradictoria liberalidad sexual.

Genitalidad en lugar de sexualidad

La Organización Mundial de la Salud define la *sexualidad* teniendo en cuenta cuatro elementos:

1. El sexo: femenino y masculino[54]
2. La afectividad, que implica una relación de intimidad emocional entre los integrantes de la pareja
3. El erotismo, es decir, todo lo relacionado con el placer y los sentidos
4. La reproductividad, es decir, la posibilidad de tener hijos

La pornografía no plantea el encuentro de dos seres humanos en expresión de su sexualidad —entendida desde la integralidad del individuo y su sensualidad— sino el encuentro de los genitales, en un contacto desprovisto de dignidad, en el que el mundo afectivo y de intimidad emocional son los grandes ausentes. Se trata de un contacto en el que con la finalidad de encontrar placer sexual, no existen límites.

Esto ha conducido a la banalización del acto sexual y a una fuerte distorsión del sentido de la sexualidad que se puede notar incluso en el lenguaje. La expresión "hacer el amor" casi ha caído en desuso para dar paso a "tener sexo". Y su influencia se puede observar en el comportamiento sexual de los adolescentes contemporáneos.

Un reciente estudio realizado en Francia, denominado "Generación YouPorn ¿mito o realidad?"[55], muestra cómo la eyaculación facial, la felación y la sodomía han sido banalizadas en los últimos 20 años y forman parte de las prácticas sexuales de los adolescentes, influenciados claramente por los códigos de la pornografía.

---

[54]   Entendiendo la diversidad sexual LGBTI (lesbianas, *gays*, bisexuales, transexuales e intersexuales).

[55]   "Generación YouPorn: ¿mito o realidad?" es un informe realizado por el Instituto Francés de Opinión Pública que compara las preferencias sexuales de los jóvenes, de 15 a 24 años, con las observadas en décadas anteriores. El estudio, publicado en octubre del 2013, fue ordenado por CAM4, una empresa que ofrece servicios de encuentros *online* con cámara web y tiene cerca de 8 millones de usuarios diariamente.

"A los 15 años, la mitad de los jóvenes ya vieron una película porno, y más de dos tercios de los chicos, de entre 15 y 24 años (69%), navegan en sitios pornográficos. La proporción de jóvenes que practica penetración anal se duplicó: un 24% de los varones, entre 15 y 17 años, y un 47%, de entre 19 a 29 años, han penetrado por vía anal a su pareja. El 21% de las jóvenes, de 18 a 24 años, lo ha experimentado".

Insensibilidad y dependencia de la imagen

1. La pornografía promueve la idea de que la actividad sexual y el placer sexual son multitudinarios entre la población. Pero en realidad existen evidencias científicas de que más del 50% de hombres, mayores de 40 años, presenta alguna disfunción sexual, disfunción eréctil o trastornos de la eyaculación. Y en los adolescentes la proporción de estas disfunciones supera el 70%[56]. Otra evidencia llamativa es la falta del deseo sexual, que en las mujeres alcanza el 80%[57].

Hay una diferencia importante entre el hiperbólico placer sexual que "vende" la pornografía y la vida real de hombres y mujeres de todas las edades.

2. El consumo de pornografía favorece la pérdida de la sensibilidad ante cierto tipo de imágenes y secuencias más cotidianas o ya conocidas, lo que puede conducir a la búsqueda de material con contenido cada vez más fuerte, que incluya prácticas sexuales, bizarras y degradantes —como las que describía Sebastián— y que pueden resultar com-

---

[56]   Estudio citado en entrevista realizada a la doctora Araí Vela, médica uróloga, andróloga, miembro de la Sociedad Latinoamericana de Salud Sexual y Reproductiva.

[57]   *Íbidem.*

pletamente ofensivas y violentas para el espectador. Incesto, BDSM[58], zoofilia, son algunas de ellas.

Por supuesto, las premisas del "sexo seguro" que promueve el uso de condones para prevenir las ITS[59] resultan ridículas e ingenuas en medio de semejante maremágnum de desenfreno, violencia y perversiones. Eso también es parte de los contenidos a los que están expuestos los niños, adolescentes y jóvenes que se internan en el mundo digital de la pornografía, cuyo consumo es cada vez más alto en este grupo de población. Según el mismo estudio francés, más del 80% de los jóvenes admiten visitar sitios web de pornografía.

3. La pornografía conduce a la dependencia del estímulo visual y a la adicción. Genera un estímulo de excitación sexual que cuando se usa individualmente conduce a la masturbación para culminar en una experiencia placentera. Por eso es adictiva y progresivamente hace que el consumidor prefiera "relacionarse" con este material antes que con personas en la vida real. Se ven muchos casos de adicción en parejas adultas que dejan de tener vida sexual activa porque el hombre prefiere pornografía. Esta situación también empieza a verse en los más jóvenes.

La relación humana reemplazada por la relación con la pornografía

José, de 23 años, me explicaba que prefería la pornografía porque no tenía que arriesgarse a que le dijeran que *no* cuando quería salir con una chica: "No tengo que hacer tanto trámite para que acepten tener sexo conmigo". Empezó a consumirla a la misma edad que Sebastián (11 años), y

---

[58]   BDSM es la sigla de las palabras *bondage*, disciplina y dominación, sumisión y sadismo, y masoquismo.

[59]   Infecciones de transmisión sexual.

después de 12 años de consumo diario estaba preocupado. Llegó a consulta porque no lograba tener una erección, aunque deseaba y quería mucho a su novia. Decía que el urólogo que había consultado lo miró de reojo y le dijo: "Miedosito, ¿eh?" y le recetó Viagra, pero el problema persistía.

"Así tome la tableta, no respondo, pero cuando veo pornografía y me masturbo, funciono perfectamente bien", decía entre asustado y confundido.

"Al principio me masturbaba entre 6 y 8 veces al día, cuando más ansiedad tenía era peor; después, con los años, fui bajando, pero ahora, 5...mínimo 3 veces al día".

José dependía de un estímulo visual para lograr la excitación sexual. Estaba tan acostumbrado a la "relación" que había establecido con la pornografía, que no lograba relacionarse íntima y sexualmente con su novia de carne y hueso. "Me gustan los *videos reales*, de parejas jóvenes...", contaba, en un tono de gran conocedor, mientras enumeraba al menos media docena de las páginas que más frecuentaba.

La pornografía de la intimidad

Los videos reales que se publican por millones en Internet corresponden a lo que el sexólogo español Manuel Lucas ha denominado "pornografía de la intimidad". Se trata de hombres y mujeres de cualquier edad que han vuelto pública su privacidad, su vida sexual. Filman sus prácticas sexuales, desde las más cotidianas hasta las más bizarras, y las exhiben en la red con la intención de volverse visibles, de hacerse notar, de ganar importancia, al estilo de Eróstrato[60].

---

[60]   Eróstrato fue un pastor de Éfeso empeñado en pasar a la historia, y para lograrlo le prendió fuego al templo de Diana, una de las siete maravillas del mundo antiguo. De allí viene el término "erostratismo", que la Real Academia de la Lengua define como una "manía que lleva a cometer actos delictivos para conseguir renombre".

La "pornografía de la intimidad" no es otra cosa que el reflejo de la normalización y la entronización del discurso pornográfico comercial, popularizado a través de los medios de comunicación, los *sexshops* y la propia Internet, que replican los consumidores en los escenarios virtuales.

"También me gustan los videos que parecen historias reales pero son películas. Por lo general, se ve la misma trama: un tipo se encuentra con una chica en la calle o en un bar, en un taller, en el campo, en la playa, le sigue y le propone tener sexo y ahí mismo ella acepta, porque le gusta o por plata. Acepta sin mayor trámite".

"Sin mayor trámite" quiere decir sin ningún esfuerzo, sin que sea necesario un intercambio humano previo. Con la misma facilidad a la que nos tiene acostumbrados la sociedad de consumo que compra, usa y desecha todo, incluso las personas.

El placer sexual se reduce con la pornografía

El consumidor de pornografía hace que su experiencia sensorial de placer se reduzca notablemente, pues al convertirse la imagen en la única fuente de excitación, la estimulación se concentra en el sentido de la vista y hace que pierdan importancia otros sentidos como el gusto, el olfato y el tacto.

Besar, lamer, oler, tocar, palpar al otro. Ser mirado, percibido, besado y tocado por el otro queda fuera en la "relación con la pornografía". Y esa costumbre reduce también la capacidad de dar, recibir y encontrarse en una relación, en la vida real.

Se reduce la capacidad de mirar, de decir y escuchar, porque solo se ve la imagen líquida de otras personas, solo se escuchan los sonidos que producen los otros, no los propios, ni los de alguien significativo para uno. La adicción a la pornografía de José no afectó únicamente su respuesta sexual sino sus habilidades relacionales para mantener un contacto íntimo afectivo en el preámbulo del acto sexual.

"No sé qué decirle y no me gusta besarle en los senos porque sus pezones son demasiado grandes y oscuros...", decía con gesto de cierto asco en el rostro. ¿Demasiado grandes y oscuros? ¿Comparados con qué? "Con los pezones de las mujeres que veía en la pornografía anglosajona", me confirmó.

Quien consume pornografía elabora una serie de fantasías que luego intenta hacer realidad. Se nutre de los estereotipos, por lo que el cuerpo femenino es solo cuerpo, desprovisto de la mujer y su ser, y, si lo que tiene en la vida real no corresponde a la fantasía elaborada a partir del referente virtual, puede incurrir en violencia contra su pareja real o verse contrariado su rendimiento sexual.

Los riesgos del consumo temprano de pornografía

Mientras más temprana sea la aproximación a la pornografía existe más riesgo de que ocurra una distorsión del sentido de la sexualidad, con toda la serie de consecuencias que ya he explicado.

La edad promedio en la que un adolescente tiene su primer encuentro con la pornografía se calcula en 10 años. Incluso más temprano que la edad en la que Sebastián recibió por primera vez este tipo de material en su *e-mail*. Si bien él lo recibió de su padre, lo más frecuente es que ocurra de forma accidental —como decía Camila y le pasó a José—, pues en las búsquedas más inocentes Internet puede arrojar resultados con contenidos pornográficos.

Le ocurrió a una madre, me lo contó en la radio. Al buscar con su hija, de 7 años, "danza árabe", se encontró con pornografía en los primeros 10 resultados. O a aquella a la que su hija de 5 años le pidió buscar "Caperucita Roja", y al abrir el primer *site* se topó con una orgía de hombres desnudos con máscaras de lobo correteando con el pene erecto en la mano a "caperucitas" con capa roja y cestita como único atuendo.

Experiencias como "el cuarto oscuro" que probó Sebastián, el sexo oral como regalo de cumpleaños, la "pornografía de la intimidad", así como el *striptease* que las chicas hacen ante la cámara web y se difunde con el *sexting* o la escandalosa moda de "la ruleta rusa sexual"[61], que conmocionó a la población colombiana y a los países donde llegó la noticia, ponen en evidencia que muchas de las prácticas, juegos y comportamientos sexuales de los adolescentes están fuertemente influenciados por los discursos de la sociedad erotizada, el sexismo y el consumo de pornografía, y es mucho mayor de lo que los padres imaginamos.

Un estudio realizado por McAffee[62], la empresa más grande de seguridad tecnológica, demuestra que aunque solo el 12% de los padres piensa que sus hijos ven pornografía, en realidad lo hace el 57%. El 77% de los adolescentes, de entre 13 y 17 años, admitió haber encontrado formas de ocultar a sus padres lo que hace verdaderamente en Internet. Y el 64% afirmó que cambiaría su comportamiento si sus padres observaran lo que hacen. Es decir, si se ocuparan de enseñarles cómo moverse en esas aguas.

---

[61]   Se trata de un baile en el que las chicas hacen una ronda. Los hombres las penetran rápidamente, pero cuando alguno eyacula, pierde y sale del juego.

[62]   El estudio se denomina "La vida secreta de los adolescentes en Internet".

Otro estudio elaborado por NSPC, en Gran Bretaña, sugiere que para los adolescentes no existe diferencia alguna entre las imágenes de pornografía que consumen en videos o películas y las producidas por sus pares en el *sexting*.

Esto nos pone en alerta. Al hablar de pornografía, además de prestarles atención a los efectos que el consumo tiene en el comportamiento sexual y relacional, en la vida real y en los escenarios virtuales de las redes sociales —los intercambios y encuentros *online* de los chicos— es urgente advertir sobre los riesgos de la asimilación pasiva del discurso pornográfico, pues puede tener efectos incluso en la normalización y reproducción de las conductas delictivas asociadas a Internet y la pornografía, tales como la producción de material pornográfico con fines de explotación sexual infantil, su consumo, la prostitución y la pederastia de adolescentes y jóvenes.

La asimilación y el consumo pasivo de productos comunicacionales se da por la falta de un filtro crítico, no solo por parte de los adolescentes sino de los adultos. Desde luego no pueden enseñar a sus hijos si ellos también lo desconocen. Más adelante se explica cómo desarrollar esta habilidad en padres e hijos.

Sebastián pronto salió de su hábito de consumo de pornografía. A José le tomó más tiempo reeducarse para el amor y la sexualidad con su pareja.

Educación sexual para prevenir el consumo de pornografía

Cuando a los adolescentes se les explica cómo un consumidor contribuye a que se sostenga esta infame industria millonaria que vive a expensas de la explotación de cientos de miles de niñas, adolescentes y mujeres, se sensibilizan poderosamente y toman conciencia de inmediato. Lo mismo ocurre cuando claramente se exhiben los efectos que implica a nivel individual y para el futuro de la vida afectiva y sexual de los consumidores, y cuando se habla del pudor y el respeto a la intimidad para referirse a la "pornografía de la intimidad" y cuestionarla.

Por fortuna, la madre de Sebastián estaba abierta a aprender y a proporcionarle a su hijo una educación sexual integral, por lo que varios de sus diálogos giraron en torno a la temática que aquí se ha expuesto.

"¿La adicción a la pornografía es hereditaria?", preguntaba al principio con angustia. La respuesta es NO. Se trata de un comportamiento y los comportamientos se aprenden. Se ingresa por curiosidad y se puede desarrollar el ciclo adictivo, como les ocurrió a Sebastián y a José, gracias a la multiplicidad de factores que favorece esta conducta. Siempre hay más de un factor que hace que surjan los problemas.

Esta madre tuvo que hacer un esfuerzo para establecer un diálogo con su expareja y reclamar responsablemente por lo ocurrido con la pornografía, ponerse de acuerdo para que su comunicación como adultos empezara a ser directa, sin "cargar" sobre Sebastián la pesada responsabilidad de mediar entre ellos y/o ser cómplice del padre, mentir para protegerlo y evitar que ellos entraran en las históricas peleas que los habían llevado al divorcio.

Sobre la masturbación, Sebastián entendió que es una práctica aceptada, perfectamente natural, pero requiere intimidad, lo que implica la restricción de no practicarla en espacios sociales de la casa y menos de forma pública, grabada ante una cámara propia o ante la *webcam* de alguien en Internet. También supo que es una alternativa mucho más segura que la actividad sexual temprana y sin protección, con novias, enamoradas o amigas, y preferible a la inducida por la pornografía por todas las razones y riesgos ya mencionados.

Sí, es preferible que los y las adolescentes sepan que la masturbación es una alternativa. Puede servir para aliviar la tensión sexual que ocurre después de una tarde de besos entre novios, por ejemplo. Permite postergar el inicio de la actividad sexual. Pero también es importante estimular la idea de que la relación sexual con un ser humano al que se desea, se quiere y se respeta, en la edad adecuada, es lo que hace que la vida sexual alcance su mayor plenitud de placer, contando con medidas de protección para prevenir embarazos no planificados e infecciones de transmisión sexual tan comunes actualmente en este grupo de población a nivel continental.

La afectividad, el enamoramiento, el amor, el ciclo menstrual, la concepción, el uso del preservativo, los anticonceptivos, la píldora anticonceptiva, la píldora de emergencia, el aborto, el embarazo, el parto, la maternidad y la paternidad son algunos de los temas que tienen que ser abordados por los padres al hablar de educación para el amor y la sexualidad responsables.

Los niños de edades tempranas (entre los 7 y los 9 años) que experimentan un encuentro accidental con la pornografía generalmente se lo cuentan a los padres. Hay un susto inicial porque la escena de una relación sexual les resulta violenta. Si se trata de pornografía *hardcore*[63], con más razón. Lo primero que habrá que hacer en ese caso es mantener la calma y animar al niño a que explique lo que vio. Luego tranquilizarlo diciendo que ahora es muy frecuente encontrar ese tipo de material en Internet y que corresponde a la vida sexual de las

---

[63] *Hardcoreporn* o porno duro, es un género de la pornografía destinado solo a público adulto. Muestra con detalle escenas de actos sexuales explícitos.

personas, lo cual es algo íntimo. Pregúntele qué sintió. Si no sabe explicarlo, ayúdele a poner en palabras los sentimientos: "Me imagino que debe haberte sorprendido y tal vez te asustaste por lo que viste...".

Si su hijo está consumiendo pornografía, explíquele que:

- La pornografía comercial presenta una realidad distorsionada de la sexualidad y que lo que allí se propone es genitalidad.
- La sexualidad implica el cuerpo, los sentimientos y las emociones de las personas.
- La pornografía de personas comunes y corrientes, es decir, la "pornografía de la intimidad" es una violación al derecho a la privacidad que requiere el encuentro entre dos personas.
- Tenemos derecho a experimentar la sexualidad y a tener placer.
- Convertir ese material en público puede generar mucho dolor, traer consecuencias indeseadas y que el placer deje de ser placer.

A continuación se ofrecen pautas que permitan mejorar las destrezas de comunicación en la familia con el fin de crear las condiciones de confianza necesarias para que los padres puedan abordar este y cualquier tema con sus hijos.

CONECTARSE CON LOS HIJOS

La adicción a los refugios virtuales

Ya hemos visto que los niños y adolescentes de estas historias establecieron "una relación" con sus aparatos tecnológicos, pues representaban para ellos una especie de "refugio virtual" donde obtenían diversión y la posibilidad de evadirse de la realidad, conduciéndolos a la adicción y a vivir consecuencias insospechadas.

Julián y Miguel querían evadirse del acoso de sus pares. Nicolás se internaba en los videojuegos ante la falta de atención de sus padres. Ana Paula buscaba ser importante para su mejor amiga porque creía que no lo era para sus papás. Camila esperaba la aceptación de los demás. Sebastián quería evitar los problemas entre sus padres y lo atrapó la curiosidad. Y Lucía, en medio de su soledad, confió en un desconocido que la llevó a los terribles terrenos de la explotación sexual.

Todos mostraron "síntomas de adicción", que se fueron expresando en el tiempo excesivo frente a una pantalla, en la pérdida del interés por otras tareas, en su falta de capacidad para relacionarse positivamente en la vida real con los de su edad y en la insistente búsqueda por permanecer en sus refugios virtuales. Adicionalmente tenían estados de irritabilidad frecuente y respondían de forma agresiva o con largos silencios. Estaban ensimismados y progresivamente llegaron al aislamiento y a privilegiar la relación con sus computadores; perdiendo sus habilidades sociales, la relación con los otros y consigo mismos.

En todos estos sistemas familiares había algunos factores comunes que favorecieron el surgimiento de dichos comportamientos:

- Problemas de pareja sin resolver.
- Desacuerdos entre los padres acerca de los criterios educativos aplicables a sus hijos.
- Ausencia de normas claras para el comportamiento, en general; y el uso de los aparatos tecnológicos, en particular.
- Sobreprotección y falta de coherencia entre normas y cumplimiento de las mismas.
- Falta de tiempo para actividades compartidas en familia, e intento de compensar la ausencia con aparatos tecnológicos.
- Escasa comunicación, comunicación ineficaz o ausencia total de una comunicación positiva.

Los contextos familiares con estas características son el terreno propicio para que los hijos busquen evadirse de la realidad y traten de compensar las frustraciones y vacíos emocionales que tienen en la vida real. Los videojuegos, los teléfonos celulares y las redes sociales se convierten en un refugio muy cómodo al principio, pues facilitan la evasión, distraen del dolor, el malestar o el sufrimiento, pero irremediablemente conducen a la adicción.

La palabra adicción, en su origen etimológico, significa: a= sin y dicción (*dictium*) = palabra. Quien tiene una adicción es alguien que se ha quedado sin palabra, quien no ha podido expresar con palabras los pensamientos, los sentimientos y las emociones que experimenta. El comportamiento adictivo, en general, encierra, entre otros, el dolor, el miedo, la angustia, la ira, la frustración, la culpa, la vergüenza que no han podido ser confesados y acompañan una serie de necesidades emocionales y afectivas insatisfechas.

Desde el mismo momento en que un niño nace es imposible satisfacer todas sus necesidades, pero al hablar de la necesidad insatisfecha que encierra la "adicción", nos referimos a una primordial y, a la vez, la más sutil del ser humano: la comunicación.

Comunicar significa "poner en común". Y eso encierra otras necesidades:

1. La necesidad de hablar —de expresar verbalmente— lo que uno piensa, siente y quiere, sin temor de ser juzgado, castigado, burlado o rechazado.

2. La necesidad de ser escuchado, a sabiendas de que nuestro interlocutor nos escuchará con respeto y podremos sentirnos acogidos, comprendidos y/o consolados.

La cultura nos enseña a callar, especialmente aquello que se considera difícil o amenazante, lo relativo al miedo y al amor. Hablar de los sentimientos y las emociones, muchas veces, se considera ridículo o innecesario. Nuestra cultura privilegia la razón y menosprecia las emociones. Asocia el razonamiento con inteligencia y las emociones con estupidez y debilidad.

Sin embargo, ese mundo emocional, ese universo psíquico del niño y adolescente, en donde se han quedado atascadas las palabras, es el que inconscientemente buscará expresar el malestar que genera lo no dicho a través de varios comportamientos. Las necesidades no resueltas (de amor o de límites) en la realidad se traducen en una fragilidad emocional que se intenta sublimar y/o compensar —de forma precaria— en los universos virtuales.

La fragilidad emocional es la base perfecta para el desarrollo del comportamiento adictivo, a través del cual se intenta comunicar "lo no dicho". Entonces, ¿podemos los padres prevenir la adicción? Sí. ¿De qué manera?

Es necesario "conectarse" con los hijos. Para lograrlo, los padres tienen que estar dispuestos a:

1. Revisar sus propios comportamientos para que puedan modelar uno adecuado.

2. Desconectarse de los aparatos tecnológicos y estar disponibles para los hijos.

3. Abrirse a la posibilidad de aprender nuevas formas de relacionarse con los hijos, guiados por la pirámide de la conexión emocional.

La pirámide de la conexión emocional

Si la meta de los padres es educar seres libres, autónomos, con madurez, conscientes de sí mismos y de los demás; con una buena vida y que alcancen el bienestar, es necesario trabajar con entusiasmo en la consolidación de una estructura de conexión emocional, construida por el amor, la ética y la comunicación consciente.

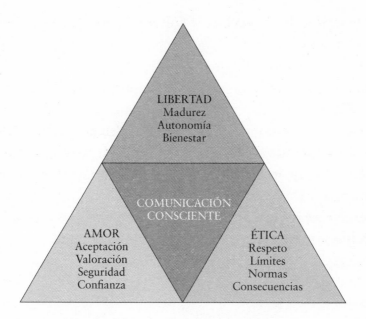

El amor que no es solo un sentimiento sino la fuerza universal de la que todos estamos hechos. Proporciona seguridad y confianza, así como la posibilidad de valorarse y aceptarse a sí mismo (autoestima), clave del cuidado y la autoprotección.

La ética proporciona la capacidad para observar y reconocer que las decisiones, acciones, afanes e intereses deben tener unos límites, tanto aquellos que impone la existencia del otro, así como la noción de no causarse daño a sí mismo.

Estos dos ejes son la base que proyecta al hijo a procurarse una vida buena; con los tropiezos, los errores y las cuotas de dolor inevitables en la vida de todas las personas, pero vivida en plenitud de sus derechos humanos, con dignidad y libertad. Libertad que, aunque nunca es absoluta, constituye el mayor bien que posee un ser humano. Equivale a la capacidad de autodeterminación, de construir una vida acorde con la dignidad propia y no de acuerdo con los cánones y exigencias de los demás, de la cultura y, peor aún, de las leyes del mercado.

La valoración y el aprecio por esa libertad empiezan con la experiencia íntima de hacer elecciones, de tomar decisiones y reconocer que producen unas consecuencias que hay que asumir y afrontar. También consiste en permanecer atentos a los aprendizajes que cada experiencia nos aporta para la vida, lo que implica el ejercicio de encontrar y reconocer los límites. De lo contrario, se corre el riesgo de perder la libertad del todo. Las ataduras que imponen las adicciones conducen inevitablemente a un camino de humillante esclavitud, del que resulta muy difícil salir.

CAPÍTULO
5

LA COMUNICACIÓN CONSCIENTE

Hemos visto que en el centro de la pirámide de la conexión emocional, tocándolo todo desde adentro, está la comunicación: vehículo del pensamiento, el sentimiento, los deseos, los saberes y las expectativas; poderosa herramienta de construcción de las relaciones interpersonales.

De la forma en la que nos comunicamos depende la calidad de las relaciones que tenemos. Si queremos que nuestras relaciones mejoren, debemos aprender a comunicarnos de forma consciente, es decir, a darnos cuenta de cómo nos comunicamos, del peso y el efecto que nuestras palabras y actuaciones tienen en quienes las reciben.

Para que el hecho comunicacional sea positivo es necesario tener conciencia de lo que decimos, de cuándo lo decimos, de cómo lo decimos, de para qué lo decimos. Mientras más conscientes seamos, mayor eficacia podemos lograr al comunicarnos, ya sea al expresarnos (emisor) como al escuchar-recibir un mensaje (receptor).

Aprendemos a comunicarnos en el seno de nuestra familia. Desarrollamos distintos estilos de comunicación, unos menos favorables y útiles que otros. Al descubrir que "la forma de comunicarnos" es ineficaz, podemos aprender otras maneras.

Para desarrollar una comunicación consciente, necesitamos conocer algunos conceptos y herramientas de la comunicación humana y de la comunicación asertiva, que puestas en práctica con constancia, nos permitirán tener esa conexión emocional necesaria para mejorar la relación con nuestros hijos.

Para ejercitar la comunicación consciente, tenga en cuenta:

1. Coherencia entre la comunicación digital y la comunicación analógica

La comunicación digital tiene que ver con el lenguaje y la organización de los signos y su significado: la palabra, lo que se dice.

La comunicación analógica es toda comunicación no verbal, incluyendo la postura, los gestos, las expresiones faciales, el tono de voz, la secuencia, el ritmo, la cadencia de las palabras: cómo se dice y también el comportamiento.

Se estima que el 40% de los mensajes que enviamos va por la vía digital: la palabra; y el 60% del mensaje va por la vía analógica: el comportamiento.

La contradicción entre la comunicación digital y la comunicación analógica se conoce como mensaje de "doble vínculo".

Por ejemplo, si uno dice "Estoy muy feliz hoy" y mientras lo dice muestra una cara triste, el tono de voz es bajo, mantiene el cuerpo caído y lanza un suspiro, ningún receptor de ese mensaje les creerá a las palabras sino a lo dicho con el lenguaje no verbal. O cuando tenemos el ceño fruncido y el rostro congestionado por el enojo y alguien nos pregunta: "¿Qué te pasa?", y respondemos: "No me pasa nada". Las palabras no coinciden con lo que expresa el rostro y el receptor del mensaje nos podría decir: "Yo sé que algo te pasa pero no me quieres decir".

Esa contradicción también puede observarse entre lo que se dice y lo que se hace. Recuerdo una madre que se quejaba: "Mi hija, a los 8 días que le hago la recarga del celular ya no tiene minutos y se pasa insistiéndome que le ponga otra recarga. Yo le digo que no y no, pero insiste tanto que me vuelve loca. Nunca me hace caso, es una malcriada. Estoy harta de andar complaciéndola en todo, ¡hace lo que le da la gana...!".

El resultado primordial del mensaje de doble vínculo es la confusión que produce en quien lo recibe. Esta madre le decía a su hija "no y no", pero terminaba dándole la recarga del teléfono; cedía y así enviaba un mensaje de doble vía: "No voy a hacer lo que tú quieres, pero hago lo que tú quieres; no tienes el poder, pero tienes el poder". La hija había aprendido que si insistía lo suficiente lograba lo que quería, porque le creía a la actuación de la madre y no a sus palabras. Tenía el poder, porque su madre se lo había dado.

2. Identificar los ciclos de comunicación ineficaz

La madre estaba enojadísima con la hija y la acusaba de "malcriada" y de burlarse de ella. Estaba muy cansada "de andar complaciéndola en todo". Se sentía en las manos de su hija porque cedía, por cansancio y porque no encontraba otra forma de decirlo. Pero era su propia incoherencia la que la había llevado a esta situación, por lo tanto el enojo en realidad era consigo misma y eso la hacía culpar a la hija.

Es muy común desplazar hacia el otro la responsabilidad de lo que uno no logra hacer. Y es tan frecuente que los padres en lugar de revisar su comportamiento y la ineficacia de sus mensajes "culpen al hijo", entrando en un ciclo sin fin que desgasta la relación. Veamos el ciclo de comunicación disfuncional entre esta madre y su hija:

2. Reclamo de la madre: ¿Ves lo que eres? Otra vez con eso, ¡ya te dije que no te voy a dar otra recarga!, ¡Eres el colmo! ¡No valoras lo que tienes!

3. Réplica de la hija: Mami, por favor, esta es la última vez, porfis, porfis, no seas mala, ponme una recarga...

1. Comportamiento inadecuado: La hija se acaba el tiempo del teléfono celular a los dos días de la recarga.

4. Mamá: ¡Te dije que no! Eres una malcriada, encima te atreves a insistir, siempre es lo mismo, ¡cuántas veces me has hecho lo mismo! ¡Estoy harta, eres una abusiva y una desconsiderada! ¡Crees que me sobra la plata!

5. Hija: Está bien, no me des nada, ya no me importa, tú siempre ¡eres mala conmigo!

El resultado era el enojo de las dos. La forma en la que la hija cerraba la discusión hacía que la madre se sintiera culpable, lo que más tarde la movía a darle la recarga, justificándose: "Te doy solo porque puede haber una emergencia...". Allí se calmaban los ánimos hasta que volvía a aparecer una situación parecida.

Las emergencias a las que se refería esta madre eran del tipo: "Mami, se me olvidó el libro de ciencia. Mami dejé la tarea de lenguaje en el estudio. Mami, no traje los zapatos de correr. Se me quedó la flauta en el baúl del automóvil". Y mami, aunque enojada y repitiendo "Eres una desconsiderada, ya no te aguanto más", corría a llevarle lo que le pedía. Se reproducía el mismo ciclo que dejaba a la madre con la sensación de haber perdido, reforzaba el comportamiento inadecuado de la hija y la colocaba en una posición de "tremenda, terrible, manipuladora, etc.".

Hay que reconocer la responsabilidad del adulto en la generación y sostenimiento de esta situación y hacer algo diferente. "Le he dicho de todas formas que NO, enojada, suplicándole, con gritos, hasta llorando de la ira, pero no le importa y sigue insistiendo".

Lo único que no había probado esta madre era hablar con calma y firmeza: "Hija, de ahora en adelante tendrás tu recarga de minutos en el celular y si se te acaba en un día o dos, no tendrás más recargas hasta el siguiente mes. Si en ese tiempo tuvieras una necesidad urgente de comunicarte conmigo, es tu responsabilidad encontrar la forma de hacerlo si no tienes el teléfono".

Remarco "de ahora en adelante" porque no importa que el problema haya estado ocurriendo durante mucho tiempo, lo importante es empezar a hacer cosas para solucionarlo y esta frase sirve para marcar un punto de giro. Este mensaje, acompañado de una mirada directa y un tono de voz firme, sin súplicas, amenazas ni gritos, generalmente da muy buenos resultados.

Busque conscientemente que haya coherencia entre la comunicación digital y la comunicación analógica, a la hora de comunicarse con sus hijos.

3. Evitar las "preguntas inútiles"

Ante un comportamiento inadecuado es muy frecuente que los padres acudan a preguntas como estas:

¿Por qué nunca me obedeces?

¿Por qué no eres responsable?

¿Hasta cuándo vas a ser desordenada?

¿Cuándo será el día que no me mates de la ira?

¿Por qué tengo que estar detrás de ti diciéndote todo lo que tienes que hacer?

Y la más usada por los padres del mundo, un clásico:

Pero, ¿qué es lo que te está pasando?

Preguntas inútiles. Inútiles porque no tienen respuesta factible o satisfactoria. ¿Qué puede responder un niño o adolescente ante todas estas preguntas? ¿Qué respondíamos nosotros mismos cuando nuestros padres nos hacían estas preguntas? Máximo: "No sé", o simplemente no respondíamos nada, porque estas preguntas no esperan una respuesta, se formulan como parte del enojo, de la impaciencia y la frustración que se experimenta cuando un comportamiento inadecuado se repite insistentemente.

Los padres pueden estar agotados del comportamiento inadecuado y tienen toda la razón para estar disgustados porque no hay cambios. Pero el cambio no ocurre porque la comunicación es ineficaz.

4. Aprender a diferenciar entre el ser y el hacer

"¿Ves lo que eres? ¡Eres el colmo! ¡Eres una abusiva! ¡Eres una desconsiderada!", le dijo esta madre a su hija en menos de tres minutos. Y la hija dijo: "No seas mala" y "Eres mala". Nuestro lenguaje está lleno de expresiones que califican negativamente el ser de las personas. Dentro de un intercambio comunicacional eso hace que quien recibe el mensaje "se cierre" inmediatamente y no quiera escuchar. "Eres un malo, eres tonto, eres irresponsable...", etc., son expresiones que producen un malestar y una irritación inmediata.

Es común tratar de que un niño o adolescente estudie con empeño diciéndole: "Eres vago". O se espera que actúe con respeto, diciéndole "Eres grosero". Es decir, se intenta hacer cambiar el comportamiento inadecuado, pero la agresión al SER resiente, desmotiva y se obtiene el resultado totalmente contrario.

La persona se cierra para defenderse de lo que le produce el malestar. Todos lo hacemos en esas circunstancias y para defendernos podemos reaccionar con agresividad, discutiendo o ignorando lo que nos dicen. Este tipo de interacciones producen insatisfacción y resentimiento.

El *ser* es lo sagrado, lo bueno, lo positivo que tenemos todos los seres humanos, el espíritu, lo trascendente.

El *hacer* corresponde a la forma de actuar, lo que uno hace, lo que se dice y cómo se dice. Es un comportamiento. Actuamos como nos han enseñado, de la forma en la que hemos aprendido en los distintos contextos en los que nos desenvolvemos y —como se ha dicho con insistencia en estas páginas— fundamentalmente en la familia. Sin embargo, la forma de actuar no define el ser y como es un aprendizaje, este se puede cambiar. Sin importar la edad que tengamos, todos somos educables. Si hemos aprendido a gritar e insultar como lo hacía nuestra madre o nuestro padre, y al expresarnos así causamos dolor, malestar e ira en las personas con las que nos relacionamos, es necesario dejar de hacerlo y aprender otra manera de comunicarse, que empieza desde la propia autodefinición.

Por ejemplo, en lugar de decir: "Yo soy gritona" o "Eres gritona", se puede decir: "Yo hablo a gritos" o "Estás hablando a gritos". Es una acción.

En la primera expresión se compromete el ser; en la segunda se describe una acción, un comportamiento. Lo que uno dice que es resulta inmodificable ("Así soy y así voy a morir"). Al reconocer que hablar a gritos es una acción se entiende que se puede dejar de hacerlo y aprender a hablar de otra manera.

Todos somos buenas personas, y tenemos unos aprendizajes que no nos benefician, pero que se pueden cambiar. Ahí está la esperanza. Diferenciar el ser y el hacer marca una diferencia notable a la hora de educar y corregir el comportamiento inadecuado, y aporta grandemente a la comunicación consciente.

Veamos ahora una sencilla y eficaz herramienta para corregir el comportamiento inadecuado, sin agredir el ser.

5. Utilizar la fórmula del reclamo responsable

El reclamo responsable se basa en un principio de la asertividad: defender mis derechos sin vulnerar los del otro. Se trata de organizar los pensamientos y los sentimientos que surgen ante el comportamiento inadecuado de alguien y expresar el malestar que se siente sin agredir ni dañar el *ser* de esa persona. El reclamo responsable tiene 4 partes:

- **"Cuando tú dices / haces..."**
  Se refiere únicamente al comportamiento, describe la forma en la que la persona ha actuado.
- **"Yo me siento..."**
  Se expresa qué siente y cómo se siente la persona ante ese comportamiento.
- **"Porque pienso que..."**
  Se expresan los pensamientos que surgen ante lo ocurrido y/o lo que se piensa sobre ello.
- **"Y te pido que..."**
  Se hace un pedido que marca un límite, invitando a que el comportamiento se modifique.

Si volvemos a la madre y a la hija de nuestro ejemplo, podríamos hacer el ejercicio de esta forma:

"Hija, cuando tú me gritas y me dices que soy mala porque no te compro una recarga del celular, yo me siento muy molesta, pues pienso que es una falta de respeto que ignores lo que hemos acordado previamente, y te pido que si se te acaba el tiempo del celular antes de lo previsto para la recarga, ni siquiera me lo cuentes y menos me pidas una recarga que no te corresponde".

Se ha respetado el ser de la hija y la madre ha puesto un límite expresando su pensamiento y sus sentimientos.

Desarrolle el sentido de la oportunidad. Es indispensable buscar un momento adecuado para hacer el reclamo responsable, uno de esos momentos de calma que siempre hay en las familias. No intente hacerlo en medio de una batalla campal o de una "pelea" con los hijos. En el caso de esta hija que insiste e insiste, por ejemplo, es mejor cortar de inmediato la interacción y decir:

"Estás insistiendo en algo en que no voy a ceder y prefiero no hablar más contigo en este momento". Con firmeza
y sin dar ninguna otra respuesta. Cuando ya ha pasado el
calor, hay que buscar un momento para hacer el reclamo
responsable, sin más argumentos que los puestos allí. Sin
cantaletas ni peroratas. Un mensaje corto, claro y directo,
expuesto de manera firme, con respeto y gentileza.

6. Aprender a manejar las emociones y ejercer la autoridad

Hay que tener claro que en el momento en que los padres pierden el manejo de sus emociones y gritan, insultan,
descalifican, lloran, se exasperan o golpean al hijo, pierden
también su posición jerárquica, marcada en el genograma
que se muestra a continuación.

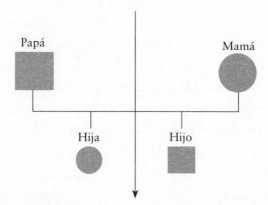

Cuando el padre o la madre "pelean" con los hijos, dejan
de ser adultos y se convierten en niños y adolescentes. Dejan
así vacío el puesto de liderazgo que les corresponde ejercer
como padres. Es como si el capitán de un barco soltara el
timón para ir a reclamar a los que están en las máquinas,
dejando el barco a la deriva.

Por muy democráticos que queramos ser en la familia, existe un liderazgo que les corresponde a los padres. Existe una verticalidad innegable que nos convierte en los protagonistas y responsables de lo que ocurre con la vida de nuestros hijos. La posición de respeto y autoridad se pierde únicamente cuando dejamos de actuar como adultos y abandonamos el papel de líderes de la familia. El liderazgo requiere el manejo emocional, la capacidad de discernimiento, el ejercicio de la autoridad sin violencia y una comunicación que motive, inspire confianza y ganas de seguir al líder.

7. Ejercitarse en el lenguaje de la estimulación positiva

Se sabe que una sana autoestima es uno de los factores más eficaces y poderosos de protección, autocuidado y bienestar. Quien se ama, se acepta y se respeta a sí mismo es capaz de defenderse y cuidarse. Quien reconoce su propio valor es capaz también de reconocer el valor de los demás y respetarlos.

El amor, la aceptación, la valoración y el respeto por uno mismo se forjan a partir de la mirada y la palabra de los padres y/o de los adultos con los que crecemos. Los maestros y educadores también intervienen poderosamente en la construcción o destrucción de la autoestima de un niño, niña o adolescente.

Así como es de importante corregir el comportamiento inadecuado (hacer) con firmeza y sentido de autoridad, más importante aún es nutrir el ser de nuestros hijos, pues alguien convencido de que es bueno hará bien lo que necesita, buscará el bien y compartirá el bien.

El lenguaje de la estimulación apunta a que los adultos desarrollemos la habilidad de nutrir el ser de los niños y adolescentes con palabras y expresiones positivas. En general, los seres humanos respondemos mejor ante el buen trato, sentimos alegría y entusiasmo cuando nos respetan y reconocen nuestras cualidades.

Cuando los padres enfocan sus esfuerzos en el fortalecimiento del *ser* y le hacen saber al niño, niña o adolescente las cualidades de su *ser*, están trabajando a favor de la autoestima. Su voz es clave para afianzar los puntos fuertes del hijo. Papá y mamá son los referentes fundamentales; sin embargo, las palabras de amabilidad y respeto de un profesor, una maestra, un pariente también contribuyen a que florezca la confianza y la seguridad personal en el niño.

Para estimular la autoestima, los padres pueden usar frases como:

"Me doy cuenta que eres muy solidario".

"Me alegra tanto ver lo responsable que eres".

"Estoy muy contenta de que seas tan constante cuando quieres lograr algo".

"Has sido muy valiente al aceptar que te equivocaste".

"Lo que dices me parece acertado, eres muy inteligente".

"Gracias por compartir, eres muy generosa".

"Aprecio mucho que digas la verdad, eres muy honesto".

Frases como estas contribuyen a generar un contexto de confianza y afecto en la relación. Las palabras de reconocimiento, valoración y amor son la forma en la que los padres podemos alimentar el alma de los niños y adolescentes, y librarlos de la desnutrición afectiva.

"Eres un niño muy generoso y optimista".

"Aprecio mucho tu dedicación y empeño para lograr tus metas".

"Me alegra tanto que seas mi hijo".

"Te he visto esforzarte en ese trabajo, eso es lo importante".

Este tipo de expresiones alimentan el *ser* del hijo sin convertirlo en alguien arrogante, Pues se fundamentan en sus características individuales, no solo en los logros, en la belleza física o en las posesiones materiales. Desde luego estas expresiones deben corresponder a la verdad, lo que exige que los padres sean los observadores de sus hijos, quienes miran con ojos amables para reconocer lo positivo y expresarlo de forma auténtica y con convicción.

Muchas veces, enfrascados en los problemas y en tratar de eliminar el comportamiento inadecuado, los padres dejan de ver lo bueno y bello de sus hijos; no solo se pierden la oportunidad de disfrutarlos y disfrutar de su maternidad y paternidad, sino que se olvidan de que en la confianza y la seguridad que proporcionan el saberse amado y valorado es en donde uno encuentra la fortaleza y el ánimo para lograr lo que se propone y vivir con alegría.

¿Se ha preguntado qué es lo que más valora y aprecia de su hijo? Haga un listado de sus cualidades para que pueda ver y re-conocer cuán buena es su presencia en su vida. Cuando usted logre verlo podrá ayudarle a que las reconozca por sí mismo y las cultive y las conserve.

8. Destinar tiempo para comunicarse y conocerse "uno a uno"

El contacto uno a uno nos permite conocer quién es nuestro hijo. Conviene hacer salidas individuales, además de las que se hacen con todos los miembros de la familia o con todos los hijos. Un paseo, un helado, una sesión de videojuegos no violentos, una caminata por el parque, una salida en bicicleta, son ocasiones fantásticas para pasar buenos momentos y de rato en rato hablar de cosas triviales o importantes, anécdotas personales, historias familiares, recuerdos de la infancia o de la adolescencia, de cómo era y se sentía usted en la edad en la que él está. Sin amenazas sin advertencias ni sermones, solo por el gusto de compartir su experiencia vital con ellos. Es otra forma de lograr esa "conexión emocional" de la que hemos venido hablando.

Incluso las paredes más gruesas que se han levantado por la falta de comunicación, los silencios, la ausencia física y emocional, caen ante la palabra honesta, verdadera, amorosa y bienintencionada. Contar nuestras historias crea puentes. Así se nutre la memoria afectiva del niño, se contribuye a la formación de su identidad, le damos sentido a la importancia de estar juntos. El hijo es un depositario de lo que hemos acumulado de experiencia en la vida. En nadie tendremos un escucha más atento de nuestros aprendizajes. Abiertos a escucharlo podremos aprender de su pensamiento, su franqueza, su honestidad, sus puntos de vista y su sabiduría. Es un intercambio mutuo que implica generosidad y humildad del adulto y respeto radical al hijo.

9. Aprender a mantener diálogos significativos

Un diálogo significativo se construye con:

- *Un buen encuentro inicial*
  Cuando llegue a casa no pregunte de inmediato: "¿Hiciste los deberes?" o "¿Qué te mandaron de tareas?". Salude con un beso, con un abrazo largo (de mínimo 20 segundos), manifieste su alegría de llegar, diga algo como: "Me alegra tanto verte". Deje para más tarde el comentario acerca del tráfico, la contaminación y el cansancio del trabajo. Agradezca la oportunidad de llegar y estar juntos. Con el abrazo a uno se le olvida el malestar. Elimine el teléfono celular y cualquier otro

aparato electrónico durante el tiempo que dedicará a sus hijos.

- *Atención*
Concentración en lo que nos dicen y decimos. La atención es un regalo que le hacemos a quien está con nosotros, es una manifestación de delicadeza y consideración.

- *Tiempo exclusivo*
Pueden ser 15 o 20 minutos del día, pero entregados completamente al ejercicio de escuchar, conversar, "estar juntos", reír. Cuando el niño o el adolescente hablan o preguntan, los padres tenemos que estar disponibles para escucharlos. Si hay una ocupación real que nos impide prestarle atención es preferible decir: "Ahora estoy ocupada y no te puedo prestar atención. ¿Qué te parece si en 15 minutos nos juntamos en tu habitación y charlamos?". Esta es una forma de respetar al hijo y sus inquietudes, mostrándole verdadero interés por lo que tiene que decir, y también una manera de enseñarle que es posible hacer acuerdos sencillos que dejen satisfechos a los dos hasta en las cosas más pequeñas.

- *Escucha atenta*
Con todos los sentidos, concentrándose en lo que nos dicen, evitando esos diálogos internos que llevan la mente por su lado y que causan que las palabras del "otro" se pierdan en el aire.

- *Preguntas de verdadero interés y curiosidad no inquisitiva*
Preguntar "como si fuéramos amigos". No somos amigos de los hijos, somos sus padres y nuestra tarea es acompañarlos y guiarlos. La amistad implica complicidad y los padres no podemos tenerla con los hijos. Sin embargo, a la hora de preguntarles cosas conviene

ubicarse en un plano de respeto y delicadeza, y usar un tono semejante al que usaríamos con nuestro mejor amigo. Es muy frecuente que al dirigirse a ellos se hable con dureza, en estilo casi militar o en plan de investigación criminal (en especial con los adolescentes). Recuerdo haber escuchado a varios padres: "Le dije que me habían contado que le vieron fumando aunque era mentira, pero fue para sacarle la verdad". No hay que "sacarles la verdad"; ellos la dirán si sienten que no van a ser juzgados.

- *Expresión del afecto y la gratitud*
  "Gracias hija por confiar en mí". "Aprecio mucho tu cariño y tu confianza". "Realmente disfruto de hablar contigo y escucharte". "Me gusta mucho conocerte y saber lo que piensas". "Estoy muy agradecida de que existas y estés en mi vida".
- *Mensajes respetuosos, claros y directos*
  Abandone el papel de orador o de quien va a dar un sermón interminable lleno de reproches y amenazas de castigo.

10. Tender puentes para rehabilitar la comunicación

Si hay distanciamiento e incomunicación, y se han levantado paredes de silencio, conviene aproximarse con suavidad para romperlos.

Pueden servir frases como: "Quiero que sepas que aunque hemos tenido dificultades para ponernos de acuerdo, he estado pensando y me gustaría que charláramos". O: "Me gustaría escucharte y que me ayudes a entender lo que te ocurre y cómo te sientes". "Quizá no he sido muy paciente o no te he prestado suficiente atención cuando has querido explicarme lo sucedido. Hablemos".

Este tipo de frases son solo una idea de las que se podrían utilizar cuando la comunicación se ha roto. Una vez instalados para el diálogo es necesario mantener una actitud positiva y libre de inculpaciones. Hablar con tono calmado y respetuoso, teniendo en cuenta las recomendaciones anteriores. Al final, agradecer por la oportunidad de hablar y escucharse es como la cereza del pastel.

11. Aprender a hacer empatía con el malestar y el sufrimiento

Cuando el niño o adolescente vive situaciones dolorosas o experiencias de frustración y vemos en él tristeza, angustia, vergüenza, miedo, ayuda mucho tratar de hacer empatía, es decir, "ponerse en la piel del otro". Esto se logra al reflejar las emociones y sentimientos que observamos.

"Veo que tienes miedo y eso te ha puesto nervioso".

"Me imagino que eso debió haberte hecho sentir mucha angustia".

"Es horrible cuando tienes que pasar por esa vergüenza".

"Estás muy frustrado y tienes razón, a mí también me frustran esas cosas".

"Es natural que sientas tristeza".

"Debes haberte sentido muy enojado y dolido con lo que viviste".

Expresiones como estas generan un efecto tranquilizador porque la persona se siente comprendida y además ayudan al niño o adolescente a identificar y reconocer lo que siente. Aprende a poner en palabras sus emociones y sentimientos. Recordemos que al hablar de lo que sentimos ejercemos nuestro derecho a la palabra. Y al reconocer sus sentimientos, acompañándolo en sus frustraciones y ayudándolo a poner en palabras sus emociones, lo estimulamos a superar dificultades y a aceptar las limitaciones que existen para aprender a llevar la frustración.

12. Aprender a hablar de las cosas difíciles

"Estoy triste, prefiero no hablar por ahora...".

"Hemos discutido con tu padre y estamos disgustados, pero no tiene nada que ver contigo".

"Me siento muy frustrada por lo que ocurrió hoy en el trabajo".

"Estoy realmente enojado por el tráfico de la ciudad".

Estos ejemplos también son ideas de cómo se puede expresar el malestar que humanamente sentimos en distintas situaciones de la vida. Cuando los padres expresamos nuestros estados de ánimo y las preocupaciones propias de la cotidianidad desde una perspectiva positiva, nos humanizamos ante los hijos y ellos logran vernos como seres más accesibles, capaces de entenderlos.

13. Planificar y organizar reuniones familiares

Una reunión familiar dedicada a abordar las situaciones que preocupan a la familia es una buena oportunidad para poder escucharse, entender lo que ocurre, comunicar decisiones y ponerse de acuerdo sobre cómo se va a actuar. También para evaluar los progresos y reconocer los avances y aportes de todos al bienestar de la familia. Si se explica que el propósito es generar una cultura de buen trato para consolidar los lazos de respeto, amor y confianza, los miembros de la reunión se abren positivamente y se comprometen de mejor ánimo a participar de las iniciativas de cambio.

14. Aprender a ser compañeros de la vida

Si bien las jornadas de trabajo son largas y los tiempos dedicados a los desplazamientos —especialmente en las grandes ciudades— merman el tiempo de compartir en casa, no es menos cierto que al llegar muchas familias urbanas prefieren la comida rápida, que llega a domicilio con solo un telefonazo, y comer automáticamente frente al televisor o, peor aún, cada uno en su habitación, antes que el ritual de preparación de los alimentos. La familia tendría que hacer al menos una comida al día con todos sentados a la mesa, a la misma hora, sin televisor y sin teléfonos celulares ni otros aparatos electrónicos.

La hora de la comida es un momento para compartir, para estimular el sentido de ser compañeros de la vida.

Compañero viene de *cum pannis* = quienes comparten el pan. Compartir los alimentos es uno de los más importantes factores de cohesión familiar. Es un rito de pertenencia que empieza con la preparación de la comida, la colocación y disposición de la mesa y los alimentos, la sobremesa, la limpieza y el orden de todo lo utilizado. Es una ocasión maravillosa para compartir tareas, responsabilidades y momentos de significativa unión familiar.

El ritual de compartir el pan (los alimentos) sirve para nutrir el cuerpo físico. A través de la palabra, el diálogo y la comunicación compartida, también se nutre el mundo afectivo de todos los miembros de la familia. Tendría que ser un momento de alegría, de entusiasmo, de encuentro, que motive las ganas de estar juntos.

Ya armados con estas herramientas de comunicación consciente, veamos ahora algunas pautas y recomendaciones específicas para acortar la brecha digital entre padres e hijos y apoyar a los niños, niñas y adolescentes en el aprendizaje de un consumo crítico y un uso positivo de los medios de comunicación y las TIC.

CONSUMO CRÍTICO Y USO POSITIVO DE LOS MEDIOS DE COMUNICACIÓN Y LAS TIC

Nuestra vida entre pantallas nos exige desarrollar ciertas destrezas y habilidades que sirvan para acortar la brecha digital entre padres e hijos y proporcionarles herramientas tendientes a facilitar el consumo crítico de mensajes, los medios de comunicación y sus productos. Veamos cómo.

Para el consumo crítico
EDUCACIÓN EN MEDIOS PARA EL CONSUMO ACTIVO DE MEDIOS DE COMUNICACIÓN, SUS PRODUCTOS Y MENSAJES

Cuando un espectador acepta como válida y deseable toda la información que circula en los distintos canales a los que tiene acceso, nos referimos a un consumo pasivo de los medios de comunicación y sus mensajes.

Por el contrario, un consumo activo consiste en que ante la abundancia de información y la potencia de la comunicación audiovisual, las personas sean capaces de escoger, seleccionar y comprender los mensajes que reciben, y poder analizar, producir e interpretar esa información. Este ejercicio se conoce también como consumo crítico de medios.

Darles a los niños y adolescentes las herramientas para que puedan hacer por sí mismos ese consumo crítico es indispensable, porque es parte del "equipamiento de autocuidado" que los padres tenemos que darles a los hijos, en este tiempo lleno de pantallas; y porque para los padres es materialmente imposible ir detrás de los chicos prohibiéndoles que vean, escuchen o participen de la tecnología y de su tiempo, o teniendo terror de cada mensaje o producto al que se expongan. Es mejor asegurarse de que, a pesar de esa exposición, sus hijos tendrán un filtro crítico que les permita hacer elecciones adecuadas y descartar aquellas que consideren violentas, degradantes u ofensivas.

UNA PODEROSA HERRAMIENTA ES LA LECTURA CRÍTICA DE MENSAJES

La lectura crítica de mensajes es una herramienta de la educomunicación[64] que permite entrenarse y entrenar a los

---

[64]   La Educomunicación, conocida también como Comunicación Educativa o Educación en Medios, es una disciplina que integra dos ramas de las Ciencias Sociales: la Comunicación y la Educación. A nivel mediático, la Educomunicación promueve la producción de productos y programas que reflejen la realidad desde una perspectiva crítica, a fin de estimular en las audiencias una inconformidad que les lleve a participar de forma activa en los procesos de cambio y transformación que requieren todas las sociedades para procurar el bienestar de las personas. Y en el ámbito educativo, la Educomunicación plantea la utilización de cualquier producto comunicacional de radio, cine, prensa, televisión, impresos, internet, etc. para desarrollar sobre ellos un análisis crítico que permita

niños, niñas y adolescentes para que al aproximarse a los medios de comunicación mantengan una postura crítica frente a la oferta que reciben de ellos. Es decir, que sean consumidores activos y críticos.

Eso quiere decir, que estén en capacidad de:

- Hacer una "decodificación" de los lenguajes de cada medio.
- Descifrar los mensajes subyacentes, que contienen los textos escritos y audiovisuales, desentrañando los significados profundos de lo que se ve, se lee y/o se escucha en radio, prensa, impresos, cine, televisión, Internet, etc., y poniendo en duda los valores o antivalores que allí se transmiten y por lo tanto de la sociedad en la que viven.
- Discriminar entre un contenido adecuado y de calidad, y uno que no lo es, descartando aquellos que se consideren alienantes, degradantes u ofensivos.
- Aprender a diferenciar entre la ficción y la realidad, y a cuestionar aquellos mensajes que presentan estilos de vida y/o formas de pensamiento que, en general, corresponden a las condiciones creadas por las leyes del mercado y los intereses de los grandes grupos económicos, que conducen a que las personas vivan según los "moldes" que ellos proponen y no de manera acorde con sus propios valores y su dignidad humana.

Para eso se promueve el uso de los mismos productos comunicacionales: noticieros, telenovelas, películas, publicidad, etc., como "textos de lectura". En lugar de prohibirlos, educamos para verlos y entenderlos de forma crítica. Esto quiere decir enseñarle al niño o adolescente a reflexionar

---

desentrañar los mensajes que transmiten y, al mismo tiempo, hacer una lectura de la sociedad que reflejan esos productos.

sobre el contenido que llevan dichos productos y mensajes. Así se crea un filtro crítico.

- Un filtro crítico es el cuestionamiento de los comportamientos violentos u ofensivos y del sistema de valores que subyace en los diálogos de los protagonistas de series y películas; oponerse a los estereotipos del machismo, el sexismo y la explotación femenina que estimulan y refuerzan la publicidad, las telenovelas, las series y las películas, algunos *talk shows* y *realities*, así como a la pornografía.

- Quiere decir cuestionar y explicar la diferencia entre la ficción y la realidad, que cada vez es más difusa, pues la tendencia actual en los audiovisuales es el realismo y hay que enseñar a discriminarlo, explicando que incluso en esos productos que "parecen reales" TODO está pre-producido, es decir, preparado con anticipación; no hay improvisación, hay un guion previamente concebido por los productores de los programas, quienes diseñan las secuencias de acciones que se desarrollan aunque los protagonistas sean personas cotidianas (no actores). El factor de "realidad" está dado por la exposición de las historias personales de los participantes y la espontaneidad con que enfrentan las situaciones que los programas les plantean, pero que nada queda al azar en una producción televisiva o cinematográfica.

Es necesario también proponer preguntas que conduzcan al niño o adolescente a la reflexión sobre los efectos negativos de lo que consume, y hablar acerca de lo que se considera degradante, ofensivo e inadecuado.

Para abordar de forma específica los temas que aquí se han tratado (*sexting, bullying, cyberbullying, sextorsión*, adicción a los videojuegos y a la pornografía, *grooming,* pedofilia, *cutting*, prostitución, explotación sexual, etc.), pueden ser útiles algunas de las siguientes pautas:

1. Preguntar antes de explicar. Indagar cuál es el conocimiento previo que el niño o adolescente tienen acerca de estas situaciones. Tomemos el *sexting* como ejemplo:

"¿Has escuchado hablar del *sexting*?".

"¿Alguna vez has escuchado en tu colegio o entre tus compañeros y conocidos que alguien envíe fotos de su cuerpo o partes del cuerpo desnudo?".

Si la respuesta es sí, decir:

"¿Y qué es lo que has escuchado?, cuéntame un poco…".

"¿Tú lo has hecho o recibido alguna vez?".

2. Una vez que el hijo explica lo que sabe, es necesario preguntar: "¿Y qué piensas tú de eso que está ocurriendo? ¿Cómo lo ves tú?".

A partir de allí puede abrirse la conversación, en la que los padres podrán argumentar con base en la información y los conceptos que ya se han compartido. Es indispensable estar suficiente y adecuadamente informados y poner en práctica las pautas de la comunicación consciente.

3. Si su hijo pregunta algo que usted desconoce, siempre puede responder: "No lo sé, pero voy (vamos) a investigar". Eso es algo que los hijos valoran mucho, pues se les envía el mensaje de que lo que les interesa es importante también para nosotros.

Acerca de los contenidos sexuales

Ante las escenas de sexo que surgen en una serie, telenovela, o película, no es suficiente prohibir y decir que "son cosas de adultos". Una de las características de los nativos digitales es su afán de compartir el material que conocen, adquieren o producen a través de las TIC para relacionarse con sus pares, tal como lo hicieron Sebastián con sus compañeros y Nick con Miguel. Por lo tanto los padres y educadores tienen que incorporar los temas que aquí se han abordado como temas de análisis crítico, con fines de educación sexual para prevenir, en lo posible, esos riesgos. Si no lo hacen, los chicos de cualquier forma lo van a conocer, accidentalmente o por algún compañero, pariente o amigo, o por medio de la gente que conoce precisamente en Internet y las redes sociales.

Las instituciones educativas generalmente enfrentan un problema importante cuando tienen en sus manos la tarea de ofrecer educación sexual: se estrellan con la negativa de los padres a que sus hijos reciban este tipo de educación, muchas veces bajo la idea errónea de que "si saben más, van a empezar antes la vida sexual".

Muy por el contrario, la educación sexual sirve para prevenir. Y si los padres y los educadores no asumen su tarea de propiciar el análisis crítico y de transmitir un mensaje científico y orientador, lo que está ocurriendo es que nuestros niños, niñas y adolescentes se encuentren a merced del imparable y poderoso mensaje que eficazmente se encargan de producir y difundir la industria del sexo y la violencia, con todas las consecuencias que ya se han señalado.

Es indispensable que los padres propicien diálogos familiares y conversaciones con sus hijos, en un entorno de confianza y respeto, a fin de que se pueda hablar en casa desde el uñero en el dedo gordo del pie izquierdo hasta los riesgos del consumo de pornografía, el *sexting*, la pedofilia o la pederastia.

La ignorancia nos vuelve presa fácil de los depredadores. El conocimiento y la información son un poder, proporcionan el poder de hacer elecciones, de tomar decisiones conscientes conociendo cuáles pueden ser las consecuencias, y saber si se está o no en capacidad de asumirlas y afrontarlas. Así se aprende la responsabilidad y se alcanza la madurez.

Qué pueden preguntar los padres
sobre los videojuegos

¿De qué se trata? ¿Cuéntame un poco acerca de qué es el juego? ¿Cómo funciona? ¿Quiénes son los personajes? Conviene combinar estas preguntas con otras que tengan que ver con cómo se siente el niño o adolescente al jugar: ¿Qué es lo que más te gusta? ¿Qué es lo que crees que te engancha? ¿Y para qué crees que te sirve? ¿Qué crees que es lo malo de los videojuegos?

Cuando los padres, lejos de ignorar de lo que se tratan los videojuegos, son también asiduos jugadores, es necesario que revisen el tiempo que ellos dedican a la tecnología y a los videojuegos y que aprovechen su destreza para jugar con sus hijos, definiendo esta actividad como recreativa y divertida. Con tiempo de inicio y tiempo de final. Que el videojuego sea una de tantas otras cosas que se comparten en la familia y no únicamente el escenario de la competencia.

Acerca de los noticieros

Los noticieros están inundados de información sobre la violencia, la guerra, la corrupción y un variado popurrí de lo peor del comportamiento humano. Por norma, uno tendría que elegir los noticieros y espacios radiales o periódicos que privilegien los contenidos informativos y no los que contienen crónica roja.

Sin embargo, también se pueden utilizar las noticias como un pretexto. Hay una gran cantidad de noticias en la Red acerca de todos los temas abordados en las historias que se han presentado aquí. Leer la noticia y comentarla siguiendo los pasos explicados anteriormente, funciona eficazmente.

PREFERIR LOS CONTENIDOS EDUCATIVOS Y CUESTIONAR LOS QUE NO LO SON

Un contenido educativo es el que le aporta información útil a la persona, oyente, espectador, lector, consumidor. Es el contenido que orienta, guía o amplía su conocimiento sobre una determinada área del saber, así como aquellos que privilegian una mirada crítica de la sociedad que se refleja. Preferir este tipo de contenidos contribuye a que los niños reconozcan la diferencia entre un contenido de calidad y uno que carece de ella. Sin embargo, la televisión, por ejemplo, está saturada de programas que en lugar de cuestionar, refuerzan los prejuicios y estereotipos.

Programas como aquel en el que la presentadora, al recibir a uno de los participantes, dice gritando: "¡Que pase el desgraciado!" son un excelente pretexto para analizar el papel de la presentadora, la violencia que sufren las mujeres y personas que participan allí, los estereotipos que se presentan sobre los hombres, "los desgraciados". "¿Qué piensas acerca de que un invitado al programa sea tratado de esta forma? Las mujeres cuentan historias trágicas en las que se muestran como víctimas de los hombres. ¿Qué te parece eso? ¿Qué piensas acerca de ventilar los problemas y exhibir públicamente la violencia?".

O utilizar un capítulo de las telenovelas donde se abordan el machismo, el sexismo, la explotación sexual femenina como *La prepago* o *El capo*[65]. Justamente este tipo de pro-

---

[65]   Telenovelas de producción colombiana que cuentan historias de la prostitución y del narcotráfico.

ductos nos ofrecen una oportunidad brillante de plantear los temas y propiciar los diálogos significativos.

Para el uso positivo de las TIC

1. Coherencia y claridad en los límites

- Empezar a revisar el comportamiento como padres y autolimitarse en el uso que hacen de teléfonos celulares, videojuegos y redes sociales.
- Estar conscientes de que todos los aparatos tecnológicos son de propiedad de ustedes, como padres, porque los han comprado ustedes. No importa si adquirieron el aparato con los ahorros del niño o con el dinero que le dieron los abuelos o tíos, la responsabilidad de la conveniencia sobre la posesión y utilización es responsabilidad suya.
- Tener claro que cuando se le da a un hijo un computador, una *x-box*, un teléfono celular, una conexión a Internet o cualquier aparato tecnológico, es responsabilidad de ustedes como padres enseñarles a usarlos adecuadamente, previniéndolos acerca de los riesgos y procurando que aprendan a sacar el mayor beneficio de ello.
- Explicar que ustedes les darán los equipos en "préstamo" y se reservan el derecho de retirárselos si ven que hacen un uso excesivo o inadecuado.
- Plantear esta acción paterna como una consecuencia de sus actos y no como un castigo que aplican, pues el uso inadecuado es la evidencia de que el joven no se encuentra listo para utilizar el equipo que se le ha dado.

- Cuando dicen: "Te castigamos quitándote el teléfono", los padres quedan como "los malos" y el niño no aprende a hacerse responsable de sus actos y elecciones. En cambio, cuando se trata de una *consecuencia* ante el incumplimiento de las normas y los acuerdos, el hijo aprende que es su responsabilidad, y hacer un uso adecuado del aparato le permitirá conservar el derecho de utilizarlo.

- Estar conscientes de que si plantean esto como una norma, es indispensable que, llegado el caso, cumplan la consecuencia que han anunciado, porque de lo contrario pierden la credibilidad y el respeto. Si su hijo no ha cumplido con su responsabilidad, cumplan ustedes con la suya, que es ser coherentes y consecuentes al educarlo. Así estará modelando el comportamiento que quieren enseñar.

2. Acortar "la brecha digital" entre padres e hijos

Esto requiere que los padres hagan un esfuerzo propio para aprender lo que no saben y estar al día para que puedan acompañar al hijo en los universos virtuales, y así aprovechar las maravillas que las TIC ofrecen tanto en términos educativos como de diversión. Las posibilidades son infinitas y permiten conexiones interesantísimas y divertidas para acercarse entre padres e hijos usando las propias TIC como pretexto.

Los padres pueden:

- Visitar páginas de entretenimiento y educación. Canales conocidos como *Disney, Discovery, History*, entre muchos otros, son una excelente opción.
- Buscar videos divertidos y compartirlos.

- Escuchar música y descargarla con la letra de las canciones. Aprendérselas y cantar juntos, aunque no se tenga buena voz.
- Producir videos juntos: escanear las fotografías antiguas y hacer un video por épocas de la vida, editarlo y ponerle música. Subirlo a YouTube.
- Hacer una reunión familiar con cena incluida para presentar el video final.
- Combinar estas actividades con otras que no involucren las TIC:
  » Cocinar, hacer algo de panadería, pastelería, jardinería.
  » Leer libros y cuentos antes de dormir.
  » Revisar los álbumes antiguos de las fotos familiares y de infancia, contando las anécdotas de ese tiempo.
  » Contar historias de cómo eran y cómo actuaban cuando eran bebés o más pequeños, aprovechar esos relatos para decir lo felices que han sido con la presencia de sus hijos.
- Jugar a las remembranzas:
  » Elegir un video de música de la generación de los padres y/o de los abuelos, lo que se bailaba y cantaba en su época de juventud, y contrastarlo con lo que ahora se canta y se baila.
  » Ver los cambios generacionales y contar anécdotas.
  » Se puede analizar el contenido de las letras de las canciones, la ropa, los peinados, la moda. Reírse de uno mismo es una gran habilidad que puede desarrollarse.

3. El privilegio de la palabra hablada en el mundo real

Las posibilidades maravillosas de interconexión que nos brinda la tecnología nos hace vivir un momento histórico a nivel humano. Sacar el mayor provecho y los mayores beneficios de Internet y todo su universo es estar en contacto con toda la riqueza de información y contenidos como nunca antes había sido posible. Antes que combatir lo malo es necesario dedicar los esfuerzos a cultivar y fortalecer lo bueno, lo positivo. Si criamos y educamos hijos sanos, habituados a expresarse y expresar lo que sienten, a valorar la interrelación humana con sus pares y su familia, con una autoestima capaz de hacerles cuidarse y respetarse, y así mismo respetar a los demás, entonces estaremos entregando al mundo seres libres, capaces de elegir su propio destino al margen de la tortura y las imposiciones de la moda y el mercado.

Porque a pesar de todo el ruido que generan los noticieros rojos y deprimentes, a pesar de todo el mal que pulula en la Red, en la cotidianidad de nuestros hogares, en la intimidad de nuestro corazón, los seres humanos seguimos buscando incansablemente la paz y anhelamos el amor, que es una elección. Y muy por encima de la influencia de los medios de comunicación y el poder seductor de Internet, las TIC y los videojuegos, la familia es el primer espacio de aprendizaje y de construcción de las relaciones y no existe nada que sea más significativo y estructurante para la personalidad de un niño, niña o adolescente, ni nada hay que le proporcione más alegría y riqueza a su vida que las experiencias humanas compartidas desde la cotidianidad amorosa del hogar, de la mano de los padres, *con la palabra hablada, en el mundo real*. Les animo a ponerla en práctica.

BIBLIOGRAFÍA

Bradshaw, John. *Volver a casa: Recuperación y reivindicación del niño interno.* Los Libros del Comienzo, 2006.

___, *Sanar la vergüenza que nos domina: Cómo superar el miedo a exteriorizar tu verdadero yo.* Obelisco, 2004.

Castells, Manuel. *La sociedad Red.* Alianza Editorial, 2006.

___, *La galaxia Internet.* Areté, 2001.

Dinkmeyer, Don y Mckay, Gary. *Libro de los padres.* PECES: *padres eficaces con entrenamiento sistemático.* Circle Pines, American Guidance Services, 1981.

Dolto, Françoise. *¿Niños agresivos o niños agredidos?: Una cálida respuesta a las angustias más comunes de los niños.* Paidós Ibérica, 1989.

___, *La causa de los adolescentes.* Ediciones Paidós Ibérica S.A., 2004.

___, *La causa de los niños.* Ediciones Paidós Ibérica S.A., 1994.

___, *Las etapas de la infancia: Nacimiento, alimentación, juego, escuela.* Ediciones Paidós Ibérica S.A., 2000.

Duhigg, Charles. *El poder del hábito.* Random House International. 2013.

Eco, Umberto. *Apocalípticos e integrados.* Debolsillo, 2010.

___, *La estrategia de la ilusión*. Debolsillo, 2012.

Filliozat, Isabelle. *Te odio, te quiero: Las relaciones entre padres e hijos*. Kairos, 2005.

Hendrix, Harville y Hunt, Helen. *El amor que cura: Una guía para padres*. Obelisco, 2000.

Llavina, Xantal. *Facebook: Mejore sus relaciones conociendo la red social que conecta al mundo*. Bresca, 2011.

Mattelart, Armand. *Historia de la sociedad de la información*. Editorial Paidós Ibérica, 2002.

___, *La publicidad*. Editorial Paidós Ibérica, 1991.

McLuhan, Marshall y Powers, Bruce. *La aldea global. Transformaciones en la vida y los medios de comunicación mundiales en el siglo XXI*. Gedisa S.A., 1996.

Morozov, Evgeny. *El desengaño de Internet*. Destino, 2011.

Pereira, Roberto. *Adolescentes en el siglo XXI: Entre impotencia, resiliencia y poder*. Morata, 2011.

___, *Psicoterapia de la violencia filio-parental: Entre el secreto y la vergüenza*. Morata, 2011.

Pérez, José Manuel. *Alfabetización mediática y nuevo humanismo*. Editorial OUC, 2012.

___, *La seducción de la opulencia: Publicidad, moda y consumo*. Editorial Paidós Ibérica, 1992.

Satir, Virginia. *Autoestima*. Neo-Person, 2001.

___, *Nuevas relaciones humanas en el núcleo familiar*. 3ª. edición. Pax México, 1989.

Savater, Fernando. *El valor de elegir*. Ariel, 2003.

___, *Ética de urgencia*. Ariel, 2012.

___, *Ética para Amador 2.0*. Ariel, 2008.

Tejedor, Santiago y Pérez, José Manuel. *Guía de tecnología, comunicación y educación para profesores: preguntas y respuestas*. Editorial UOC, S.L.

Watzlawick, Paul. *Teoría de la comunicación humana*. Herder, 1993.

White, Michael y Epston, David. *Medios narrativos para fines terapéuticos.* Ediciones Paidós Ibérica S.A., 1993.

Fuentes en Internet

http://www.unwomen.org/es/what-we-do/ending-violence-against-women/facts-and-figures#sthash.98zCXKn0.dpu

http://www.bbc.co.uk/mundo/noticias/2012/03/120301_tecnologia_internet_facebook_divorcio_fp.shtml

http://issuu.com/aprenderapensar/docs/ensenar_a_nativos/33

http://stopphubbing.com/

http://es.slideshare.net/pantallasamigas/relatoriosextinglatamesp-130502145645phpapp02

http://www.sextorsion.es/

http://www.bullying.org

http://www.winnipegfreepress.com/opinion/fyi/whole-new-level-of-degradation-190520501.html

http://sexting.wordpress.com/2012/10/23/google-aun-facilita-el-acceso-a-la-imagen-de-amanda-todd-que-facilito-su-sextorsion/

http://www.everydayhealth.com/columns/dr-laura-berman-on-love-and-sex/http://www.suntimes.com/lifestyles/12148211-423/uncovering-the-ugly-new-side-of-revenge.html

http://pediatrics.aappublications.org/content/early/2012/09/12/peds.2012-0021.full.pdf+html

http://redrelates-boletin.org/viii-relates-2012/

http://riesgosinternet.wordpress.com/2011/12/26/el-ciberbullying-aumenta-en-chile-hasta-casi-el-90-de-los-escolares-adolescentes/

http://www.eluniversal.com.mx/notas/601534.html

http://www.larepublica.pe/11-09-2013/bullying-y-cyber-bullying-son-los-mayores-responsables-del-suicidio-adolescente-en-el-2013

http://dspace.si.unav.es/dspace/bitstream/10171/17800/1/articulo-cyberbullying.pdf

http://www.sdpnoticias.com/sorprendente/2013/08/06/responsabilizan-a-ask-fm-por-suicidio-de-4-menores

http://www.cascosrosa.com

http://www.elcastellano.org/libro/tomo1.html

http://www.fundacionsexpol.com.es

http://www.ifop.com/media/poll/2367-1-study_file.pdf

http://www.frc.org/onepagers/the-effects-of-pornography-on-individuals-marriage-family-and-community

http://www.frc.org/onepagers/the-effects-of-pornography-on-individuals-marriage-family-and-community

http://diarioadn.co/medell%C3%ADn/mi-ciudad/juego-sexual-entre-adolescentes-1.59602

http://promos.mcafee.com/en-US/PDF/lives_of_teens.pdf

http://sexting.wordpress.com/2013/01/16/reino-unido-para-los-adolescentes-no-hay-diferencia-entre-su-sexting-y-el-porno-duro-que-ven-en-internet/

http://www.pantallasamigas.net/proteccion-infancia-consejos-articulos/pdfs/pantallasamigas-ciberderechos-los-e-derechos-de-la-infancia-en-el-nuevo-contexto-tic.pdf

DIANA

España
Av. Diagonal, 662-664
08034 Barcelona (España)
Tel. (34) 93 492 80 00
Fax (34) 93 492 85 65
Mail: info@planetaint.com
www.planeta.es

Paseo Recoletos, 4, 3.ª planta
28001 Madrid (España)
Tel. (34) 91 423 03 00
Fax (34) 91 423 03 25
Mail: info@planetaint.com
www.planeta.es

Argentina
Av. Independencia, 1668
C1100 Buenos Aires
(Argentina)
Tel. (5411) 4124 91 00
Fax (5411) 4124 91 90
Mail: info@eplaneta.com.ar
www.editorialplaneta.com.ar

Brasil
Av. Francisco Matarazzo,
1500, 3.º andar, Conj. 32
Edificio New York
05001-100 São Paulo (Brasil)
Tel. (5511) 3087 88 88
Fax (5511) 3087 88 90
Mail: ventas@editoraplaneta.com.br
www.editoriaplaneta.com.br

Chile
Av. Andrés Bello, 2115, piso 8
Providencia
Santiago (Chile)
Tel. (562) 2652 29 27
Fax (562) 2652 29 12
Mail: info@planeta.cl
www.editorialplaneta.cl

Colombia
Calle 73, 7-60, pisos 7 al 11
Bogotá, D.C. (Colombia)
Tel. (571) 607 99 97
Fax (571) 607 99 76
Mail: info@planeta.com.co
www.editorialplaneta.com.co

Ecuador
Whymper, N27-166,
y Francisco de Orellana
Quito (Ecuador)
Tel. (5932) 290 89 99
Fax (5932) 250 72 34
Mail: planeta@access.net.ec

México
Masaryk 111, piso 2.º
Colonia Chapultepec Morales
Delegación Miguel Hidalgo 11560
México, D.F. (México)
Tel. (52) 55 3000 62 00
Fax (52) 55 5002 91 54
Mail: info@planeta.com.mx
www.editorialplaneta.com.mx
www.planeta.com.mx

Perú
Av. Santa Cruz, 244
San Isidro, Lima (Perú)
Tel. (511) 440 98 98
Fax (511) 422 46 50
Mail: rrosales@eplaneta.com.pe

Portugal
Rua do Loreto, 16-1.º D
1200-242 Lisboa (Portugal)
Tel. (351) 21 340 85 20
Fax (351) 21 340 85 26
Mail: info@planeta.pt
www.planeta.pt
www.facebook.com/planetaportugal

Uruguay
Cuareim, 1647
11100 Montevideo (Uruguay)
Tel. (5982) 901 40 26
Fax (5982) 902 25 50
Mail: info@planeta.com.uy
www.editorialplaneta.com.uy

Venezuela
Final Av. Libertador,
Torre Exa, piso 3.º, of. 301
El Rosal, Caracas 1060 (Venezuela)
Tel. (58212) 952 35 33
Fax (58212) 953 05 29
Mail: info@planeta.com.ve
www.editorialplaneta.com.ve

Grupo Planeta   Diana es un sello editorial del Grupo Planeta   www.planeta.es

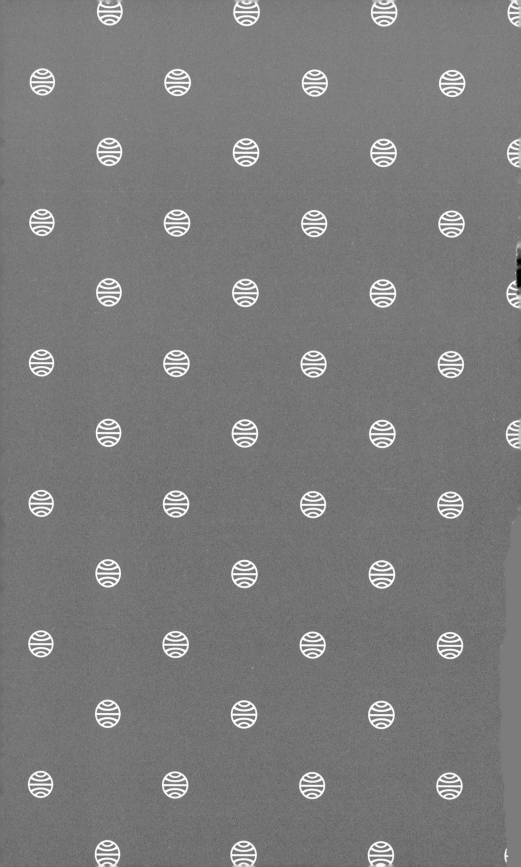